Regine Zopf

Von Engeln geführt

Gespräche mit Jesus
und den Engeln der Heilung

Regine Zopf

Von Engeln geführt

Gespräche mit Jesus
und den Engeln der Heilung

Archantaya
Verlag

ISBN 3-937534-43-1

1. Auflage September 2006

Satz: Ralph Peters
Umschlaggestaltung: Regine Zopf und Ralph Peters
Umschlagbild: Regine Zopf

Archantaya Verlag, Scharnhorst-Marwede

Hergestellt in der Tschechischen Republik

Inhalt

Vorwort

Bereits vor 18 Jahren entdeckte ich, dass ich mich mit der geistigen Welt der Engel in Verbindung setzen und mit ihr kommunizieren kann. In der ersten Zeit machte ich nur Durchgaben für mich und meine besten Freunde. Dabei ließ ich die Engel entweder direkt durch mich sprechen, wenn ein anderer einen Rat brauchte oder ich schrieb die Antworten auf, wenn ich selbst eine Frage hatte. Diese Kommunikation mit den Engeln eröffnete mir völlig neue und großartige Möglichkeiten, um mich in allen Bereichen meines Lebens weiterzuentwickeln. Sie beantworteten mir Fragen, die mich schon immer bewegt hatten, wobei sie mir oftmals Übungen gaben, damit ich selbst meine Antworten finden und wichtige Erfahrungen machen konnte.

Nachdem die Engel mir und meinem Lebenspartner durch eine Reihe von Meditationen die Chakren nähergebracht hatten, fragten sie mich, ob ich bereit wäre, für sie ein Buch zu diesem Thema durchzugeben. Die Idee, den Kontakt zu den Engeln nicht nur im privaten Rahmen zu nutzen, war für mich einerseits ein unerwartetes Geschenk und andererseits eine Herausforderung. Eine aufregende Zusammenarbeit mit den Engeln begann. Einen Großteil meines Weges aus dieser Zeit habe ich bereits in dem Buchtitel "Engel – Unsichtbare Helfer"* beschrieben, so dass ich an dieser Stelle nicht noch einmal näher darauf eingehen möchte. Dass es nicht bei einem Buch bleiben würde, sondern dass die Engel eine Vielzahl von Büchern durch mich übermitteln wollten, wusste ich damals noch nicht.

Durch die mediale Bucharbeit und die vielfältigen Durchgaben für mich selbst und gute Freunde entschloss ich mich schließlich, Einzelsitzungen anzubieten, in denen ich den Schutzengel des jeweiligen Menschen durch mich sprechen ließ. Dieser Schritt war für mich nicht einfach, denn ich musste alte Befürchtungen überwinden, um mir überhaupt vorstellen zu können, mich vor einem unbekannten Menschen für die Engel zu öffnen. Aber ich übersprang diese Befürchtungen und erfuhr dabei, dass jeder Mensch von Engeln begleitet wird und dass deren Liebe für uns alle grenzenlos ist.

In diesen Jahren gab ich Seminare, die durch das, was die Engel mich lehrten, bereichert und inspiriert wurden. Trotzdem hatte ich niemals den Gedanken, dass ich sie in einem Seminar direkt durch mich zu den Teilnehmern sprechen lassen könnte. Aber Schritt für Schritt öffnete ich mich dafür, mich auch in meiner Arbeit mit Menschen mehr von ihnen unterstützen zu lassen. Zuerst einmal schlugen die Engel mir bestimmte Seminarthemen vor und halfen mir dabei, den Ablauf der Seminare zu strukturieren. Später boten sie mir an, eine mediale Sitzung zum Abschluß eines Seminarwochenendes für alle Teilnehmer zu machen. So kam es, dass ich mich schließlich zum ersten Mal traute, die Engel durch mich direkt zu einer Gruppe verschiedenster Menschen sprechen zu lassen. Ich hatte damals große Angst davor und es war für mich der schwierigste Schritt in der Ausübung meiner medialen Fähigkeiten. Mit der Hilfe meiner Engelfreunde wagte ich mich aber auch an diese Herausforderung heran und

---

* Der Buchtitel "Engel – Unsichtbare Helfer, Wie Engel den Menschen unterstützen", von Regine Zopf, ist im Archantaya Verlag unter der ISBN 3-937534-15-6 erschienen.

erlebte dadurch, wie kraftvoll und einzigartig es ist, die Worte und die Energie der Engel an eine Gruppe von Menschen zu übermitteln.

Irgendwann wurde ich von den Teilnehmern gefragt, ob ich nicht Seminare anbieten könnte, die ganz von den Engeln geleitet werden. Die Engel stimmten zu und durch meine vorherigen wunderbaren Erfahrungen bestärkt, konnte ich mir ebenfalls vorstellen, dies leisten zu können. Die Channeling- oder "Von Engeln geführten"-Seminare waren geboren! In ihnen sprechen die Engel der Heilung unter der Anleitung von Jesus direkt durch mich zu den jeweiligen Teilnehmern. Ich bin immer wieder überwältigt von der Klarheit, der Liebe und der Energie, die vor allem auch jenseits der Worte der Engel massiv spürbar wird. In und nach den Sitzungen herrscht oft eine so große Berührtheit in allen Teilnehmern vor, dass man Nachwirkungen der erhebenden Energie der Engel sozusagen in Form von Stille hören und anfassen kann.

Vor diesen Seminaren mache ich immer eine Channeling-Sitzung, um mich innerlich auf sie vorzubereiten. Manchmal übermitteln mir die Engel dabei Übungen oder Fragen für die Teilnehmer, aber meistens kenne ich, außer dem festgelegten Thema, den Inhalt und den Ablauf nicht.

Die Texte in diesem Buch sind Auszüge aus medialen Sitzungen der "Von Engeln geführten"-Seminare. Ich hoffe, dass die Worte der Engel auch Ihnen Kraft und Energie vermitteln und dass für Sie ihre Liebe und Unterstützung jenseits der Worte spürbar wird. In diesem Sinne wünsche ich Ihnen viel Freude beim Lesen.

Ihre
Regine Zopf

Seminar mit Jesus und den Engeln der Heilung zum Thema:

Vertrauen

Die Einzigartigkeit jedes Einzelnen

(In einer Sitzung vor dem Seminar gaben mir die Engel der Heilung einige Fragen, die ich den Teilnehmern zu Beginn stellen sollte und die sie zunächst für sich selbst in Ruhe beantworten konnten. Die Fragen lauteten:

- Wie schätzt du deine Kraft ein? Fühlst du dich grundsätzlich eher stark oder schwach?
- Was sind deine Stärken und was sind deine Schwächen?
- In welchem Bereich wünschst du dir mehr Energie?
- Vertraust du deiner Kraft generell oder z.B. in Notsituationen oder bist du ihr gegenüber eher misstrauisch?
- Vertraust du dir und deinen Ideen und Eingebungen oder zweifelst du leicht an dir?

Nachdem jeder Teilnehmer die Fragen für sich selbst beantwortet hatte, wurden die Antworten in der Gruppe besprochen, bevor die erste Sitzung mit den Engeln begann.

Vielleicht beantworten auch Sie, liebe Leser, die Fragen der Engel zunächst einmal für sich selbst, bevor Sie mit dem Lesen beginnen.)

Geliebte Freunde, wir begrüßen euch alle und zu jedem von euch senden wir einen Strahl der Liebe. Jeden einzelnen von euch berühren wir mit den Schwingen unserer Liebe. Große Freude herrscht in uns, weil ihr unserem Ruf gefolgt seid und euch hier versammelt habt. Wir durchfluten diesen Raum mit Licht, mit Freude, mit Glück. Die Begegnung zwischen Engel und Mensch sollte immer von Glück, von Freude und von Liebe erfüllt sein. Sie sollte von diesen Eigenschaften getragen sein.

Wir bitten euch, tief zu entspannen und alle Gedanken und Sorgen loszulassen, so weit es euch möglich ist. Jetzt ist die Zeit, um auf eine ganz neue Art zu entspannen und auszuruhen. Je tiefer ihr euch entspannt, um so leichter könnt ihr Heilung empfangen und unsere Worte aufnehmen. Sie können in euch einsinken und nicht nur sie können euch dann berühren, sondern auch unsere Energie. Lasst also Entspannung zu, atmet leicht und gleichmäßig. Setzt euch bequem hin, damit ihr rein körperlich keine Einengung empfindet.

Unser Thema dieses Wochenendes ist das Vertrauen. Wir werden über das Selbstvertrauen sprechen, aber auch über ein noch höheres Vertrauen – das Vertrauen in die Existenz. Diese Existenz beinhaltet alle Menschen, die Tiere, die Pflanzen, die Erde und das Universum im größeren Rahmen. Heute möchten wir aber zunächst einmal grundsätzlich über das Vertrauen sprechen.

Ihr alle werdet getragen von einer großen, mächtigen Energie. Diese Energie ist um euch herum vorhanden. Sie durchströmt euch in jeder Sekunde eures irdischen Lebens und hält euch so lange lebendig, wie es eurer Lebensspanne entspricht. Diese Energie, wir möchten sie einmal Ur-Energie nennen, ist im gesamten Universum vorhanden. Sie durchströmt jedes Blatt am Baum. Sie durchströmt das Tier. Sie durchströmt die Erde und sie durchströmt euch. Alles wird von ihr ernährt und erhalten. An dieser Energie könntet ihr euch immer orientieren, wenn ihr sie bewusst wahrnehmen würdet. Für einen Menschen, der sie bewusst wahrnehmen kann, ist das größte Leiden vorbei, denn für ihn ist die Verbindung zu allem hergestellt.

Im Moment seid ihr noch in euch selbst verstrickt. Im Moment kommt es schon ab und zu einmal vor, dass ihr euch einsam, vielleicht sogar im Stich gelassen oder abgetrennt von allem fühlt. Ihr glaubt manchmal, dass ihr keine Verbindung zur Welt oder auch zu uns Engeln oder zu Gott habt. Euer Blick ist dann zu stark auf eure Probleme oder euer inneres Spannungsfeld ausgerichtet. Dieses Spannungsfeld muss natürlich gereinigt und aufgelöst werden, aber heute möchten wir euch daran erinnern, dass ihr ein Teil dieser wunderbaren Existenz seid. Ihr seid immer verbunden mit dem Großen-Ganzen, aber ihr glaubt, dass ihr einsam, verloren oder abgetrennt seid. Selbst wenn diese Gedanken in euch vorherrschend sind, so ist ein Teil von euch wie mit einer Nabelschnur mit dem Großen-Ganzen verbunden. Ihr seid immer Teil der Existenz. Ihr seid immer Teil des Großen-Ganzen. Die kosmische Ur-Energie durchfließt euch ständig. Sie ist wie die Nabelschnur, die Verbindung mit allem.

Jeder von euch ist im Reich der Engel bekannt. Euer Name ist im großen Buch der Existenz fest eingekerbt. Ihr werdet gesehen, ihr werdet geliebt. Ihr werdet sogar, wenn ihr es wollt, angeleitet und geführt. Ihr seid die geliebten Kinder der Existenz und über die kosmische Ur-Energie seid ihr mit ihr verbunden.

Lasst das einmal in euch eindringen. Fühlt die Liebe, die für euch im Großen-Ganzen vorhanden ist. Sie kann euch jederzeit durchdringen und zwar so durchdringen, dass ihr von ihr bewegt und berührt werdet, dass sich alles in euch ausdehnen und es in euch warm werden kann. Versucht jetzt, das direkt zu spüren. Geht weg von euren Gedanken, weg vom Kopf. Fallt hinein in euer Herz, denn dort ist die Stelle, wo ihr diese Liebe fühlt. Und ihr könnt sie besonders fühlen, wenn ihr Ja sagt:

Ja, ich kann.
Ja, ich werde geliebt.
Ja, ich werde von der großen Existenz gekannt.
Sie hat mich nie vergessen,
in keiner Sekunde meines Lebens.

Fühlt das. Lasst das in euch eindringen und schaut, ob es etwas mit euch macht und in euch verändert.

Jeder von euch hier in diesem Raum ist einzigartig, aber ihr müsst diese Einzigartigkeit auch anerkennen. Nur dann könnt ihr sie leben und verwirklichen. Wenn ihr euch klein macht, euch nicht akzeptiert oder liebt, werdet ihr nie eure Einzigartigkeit entdecken und anerkennen. Auf dieser ganzen Erde gibt es nicht das gleiche wunderbare Wesen, das ihr seid und doch fühlt ihr euch oft klein oder wie ein Nichts. Ihr habt dann die Großartigkeit und die Schönheit eures Wesens noch nicht erkannt und wahrgenommen. Jeder von euch in diesem Raum, so wie auch jeder andere Mensch, hat das Recht, sein eigenes Potential zu entdecken, zu entfalten und auszubilden. Ja, es ist sogar eure Pflicht, dem nachzukommen. Ihr ehrt auf diese Art euer Sein. Negative Gedanken über euch selbst verhindern das und lassen nicht zu, dass ihr euer Potential ausschöpft. Stellt euch einmal vor, ihr seht euer Leben an euch vorbeiziehen. Ihr kommt ans Ende dieses irdischen Lebens und habt nicht entdeckt, was sein Sinn war, was eure Qualitäten waren oder was euer Potential war. Das wäre traurig für euch und traurig für jeden Menschen, auf den dies zutrifft.

Ihr habt die Pflicht, euer Dasein, euer Leben, euer Sein zu ehren. Ihr müsst alles tun, damit es euch gut geht und damit ihr euch ausdehnen und frei von inneren Begrenzungen werden könnt. Je mehr ihr euch für den Durchfluss der kosmischen Energie öffnet, je ungehinderter ihr sie durch euch fließen lasst, um so leichter könnt ihr euch hier auf der Erde ausbreiten und euren Platz im Gesamtgefüge einnehmen. Manche Menschen huschen nur durch ihr Leben. Sie trauen sich nicht, sich zu zeigen. Sie verstecken sich lieber. Sie ehren sich nicht. Vielleicht lieben sie sich sogar nicht. Dadurch fühlen sie immer Angst, Abgetrenntheit, Einsamkeit oder Bedrohung. Die Grundenergie der Existenz – und wenn wir von der Existenz sprechen schließen wir alles mit ein: euch, die Tiere, die Pflanzen, die Erde, die Sonnen, die Galaxien, das gesamte Universum – ist getragen von Freude, ja, wir möchten sogar sagen von Ekstase. Das Universum ist ein ekstatischer Reigen und ihr seid ein Teil davon.

Wendet einmal euren Blick ab von eurem eigenen inneren begrenzten Raum und öffnet euch für das, was euch auf einer höheren Schwingungsebene umgibt. Öffnet in euch alles, so wie sich eure Poren öffnen. Öffnet euren Körper, der Teil der irdischen Existenz ist. Öffnet eure Gefühle und auch euren Mentalkörper. Eure Seele ist mit diesem ekstatischen Reigen bereits verbunden und somit ist ein Teil von euch immer mit dieser Energie im Einklang. Ist das nicht wunderbar?

Die Lösung jedes Problems wäre oder ist, mit der Seele oder dem eigenen Spiritualkörper in Verbindung zu kommen und von ihr oder ihm angeleitet zu werden. Ihr alle tragt die

Kraft des Universums in euch. Ihr alle seid auf dieser Ebene ungebrochen in eurer Kraft. Vergegenwärtigt euch dies. Wir wollen uns jetzt nicht auf Probleme konzentrieren, wir wollen uns auf eure Kraft konzentrieren. Und sagt nicht, dass ihr das nicht könnt. Es ist für jeden von euch etwas Natürliches. Es ist ganz einfach.

Lasst jetzt Stärke und Kraft in euch fließen. Fühlt, wie ihr verbunden seid mit etwas Höherem und wie euch dieses Höhere durchströmt und aufrichtet. Spürt, wie diese Energie das Kranke in euch heilt und jederzeit heilen kann. Fühlt, wie diese Energie Traurigkeit auflöst und in Freude verwandelt. Seht, wie negative Gedanken umgewandelt werden in strahlende Visionen. Lasst es nur einmal zu, dass ihr eure ungebrochene Kraft in euch fließen lasst. Danach können wir wieder, wenn ihr wollt, über Probleme sprechen, aber jetzt, jetzt lasst es zu, ungebrochene Kraft zu fühlen. Es geht. Es ist möglich. Über sie seid ihr verbunden mit allem, seid ihr verbunden mit etwas Höherem, mit einer höheren Kraft.

In euch allen existiert eine Quelle der Kraft. In jedem von euch ist diese Kraft verankert. Diese Quelle in euch wird gespeist von der kosmischen Ur-Energie. Ihr habt die Möglichkeit, den Zufluss der Energie durch Taten, Gedanken oder Gefühle zu unterbrechen. Aber jetzt, jetzt sinkt in euch hinein. Lasst es zu, immer tiefer zu entspannen, aufzuatmen, loszulassen, um zu eurer tiefsten Quelle der Kraft zu gelangen. Wenn ihr mit ihr verbunden seid, fühlt ihr, dass euch nichts fehlt. Wenn ihr mit ihr verbunden seid, fühlt ihr niemals einen Mangel. Wenn ihr mit ihr verbunden seid, dann seid ihr euch selbst genug. Jedes Zusammensein mit einem geliebten Menschen ist dann frei von Erwartungen und starren Bedingungen. Aus dieser Quelle heraus zu agieren wird immer kraftvoll sein. Für jeden von euch ist dies möglich. Ihr könnt jeden Tag immer intensiver mit ihr in Kontakt kommen, in sie eintauchen und euch auftanken mit Energie. Bei diesem Vorgang habt ihr einen mächtigen Verbündeten. Es gibt keinen mächtigeren, denn die gesamte Existenz, die gesamte Schöpfung, die gesamte Göttlichkeit des Seins ist an eurer Seite.

Ihr habt heute Morgen gut gearbeitet, denn ihr alle habt euch geöffnet. Ihr habt schon einmal Vertrauen bewiesen, indem ihr den anderen in dieser Gruppe etwas von eurem Inneren preisgegeben habt. Das ist eine gute Voraussetzung, um miteinander zu arbeiten und gemeinsam einen Schritt weiterzugehen. Es ist eine besondere Gruppe von Menschen, die hier versammelt ist. Wir möchten euch durch unsere Worte an euer Potential erinnern. Wir möchten euch daran erinnern, wie schön und kraftvoll ihr seid, jetzt schon, auch wenn ihr noch einige Probleme habt. Wir möchten euch auch daran erinnern, dass ihr noch weitergehen könnt und ihr wollt das ja auch. Das ist eine günstige Voraussetzung. Öffnet euch also jetzt in unserem Zusammensein. Lasst es einmal zu, euch wirklich stark und kraftvoll zu fühlen und verbunden zu sein mit Gott oder mit der Existenz, mit allem. Das schafft in euch ein Bewusstsein über euch selbst. Das gibt euch ein Bewusstsein über eure Energie, eure Stärke, eure Schönheit. Und wie schon gesagt, ihr müsst sie nur anerkennen.

Wir können beginnen, eure Fragen zu beantworten. Wer möchte also die erste Frage stellen?

Ich würde so gern wissen, ob ich auf dem Weg zu meiner Quelle der Kraft bin.

Eine erste Übung für dich. Du hast jetzt eine Frage an uns gestellt, aber wir, die wir dich lieben und dich unterstützen wollen, fragen dich: Kannst du dir selbst eine Antwort geben? Was ist deine Antwort? Beantworte zunächst deine Frage selbst. Danach werden wir dir antworten.

Ich fühle mich bereit. Ich fühle mich bereit, an diese Quelle zu kommen und ich glaube, dass ich an sie herangekommen bin. Ja.

Wir möchten jetzt, dass du tief in dich gehst und schaust, ob das ein Glaube ist oder eine wirkliche Erfahrung. Lass dich darauf ein und gib uns die Antwort. Ist das ein Glaube oder eine existentielle Erfahrung?

Eine Erfahrung.

Ja! Du bist auf einem guten Weg und du hast in letzter Zeit wichtige Schritte getan. Du hast Mut bewiesen. Du hast auch den Willen bewiesen, in deiner Entwicklung weiterzugehen. Das alles wird immer honoriert, gesehen und anerkannt von den Engeln, von Gott, von der Existenz. Auch ein noch so kleiner Schritt in Richtung von Weiterentwicklung und Ausdehnung wird registriert.

Nichts geht verloren und immer ist in uns Freude, wenn ein Mensch bereit ist, leichter und freier zu werden und mutige Schritte zu tun, auch wenn sie noch so klein sind. Das wollten wir dir antworten.

Wie kann ich die kosmischen Energien nutzen, damit ich weniger Ängste habe? Wie kann ich das verwirklichen?

Du musst dein Bild über dich selbst revidieren oder man könnte auch sagen, erneuern. Du musst dich ganz neu orientieren und dich nicht mehr so sehr mit Schwäche identifizieren, sondern dich mit einer höheren, mit der göttlichen Energie verbünden und mit ihr das positive Neue beschreiten. Du möchtest nicht deinen Ängsten ausgeliefert sein und du brauchst das natürlich auch nicht, aber du musst diese Ängste, die wie ein wilder Tiger sind, in den Griff bekommen. Wann immer dich der Tiger der Angst anfallen will, musst du ihm deine Stärke entgegensetzen. Du solltest dich somit mehr mit Stärke als mit Schwäche identifizieren und dann kannst du auch deine Ängste in den Griff bekommen. Mit der kosmischen Ur-Energie hast du die Kraft, dies zu tun und du wirst es können, aber es erfordert natürlich eine gewisse Disziplin, eine Zähmung des Tigers.

Du musst dir genau überlegen, was dich in deinem Leben daran hindert, Freude zu erleben, Freude zu fühlen. Du musst dir bewusst machen, was dich in deinem Leben belastet und zu sehr einengt, damit du Wege finden kannst, die dich aus dieser Belastung herausführen. Aber an vorderster Front steht, dich mit Stärke, mit der kosmischen Kraft zu verbünden. Dann kommst du auch aus der Beengung heraus.

Ich wollte fragen, wie ich meine Hautprobleme heilen kann? An einigen Stellen meiner Haut habe ich weiße Flecken bekommen. Was kann ich tun?

Wir sehen in dir Ängstlichkeit vor der Welt. Auch du könntest dich mehr mit Stärke und innerer Kraft identifizieren oder dich darauf fokussieren. Du solltest dich nicht mehr so sehr in der Schwäche verstecken. Ist es nicht so? Die Haut ist ein Synonym für die Verbindung mit der Welt. Sie ist die äußerste Verbindung des physischen Körpers mit der Außenwelt, mit den anderen. Über die Haut wird signalisiert, wie ihr euch fühlt und ob ihr Probleme damit habt, in der Welt zu stehen. Für dich wäre es neben der medizinischen Betreuung sehr gut, wenn du dir zunächst einmal klar darüber wirst, ob du bereit bist, mehr Stärke zu leben und ob der Zeitpunkt für dich gekommen ist, dich nicht mehr so sehr in der Schwäche zu verstecken. Das solltest du für dich einmal klären.

Es wäre für dich sehr wohltuend, wenn du die Lichtübung für das Solarplexus-Chakra* praktizieren würdest, die dir Regine nachher erklären kann, wenn du sie nicht kennst. Über das Solarplexus-Chakra würdest du mit der Zeit mehr emotionale Kraft aufbauen können, die dir hilft, langsam dein Schattendasein zu verlassen und dich mehr im Scheinwerferlicht zu zeigen.

Ich bemühe mich darum, Gewicht zu verlieren. Wenn ich einige Kilos abnehme und mich darüber freue, dann geschieht immer etwas, was alles wieder zerstört und mich in diesen Zustand versetzt, in dem ich jetzt bin. Woran liegt das und was kann ich tun, damit ich die Freude erhalten kann? Es ist immer der gleiche Ablauf, wenn ich beginne abzunehmen, mich darüber freue und die ersten Erfolge sehe und fühle, wie gut es mir geht, dann kommt eine Art Macht über mich, die alles wieder zudeckt.

Verstehe, dass dein Gewicht eine Art Schutz ist. Die Pfunde, die du dir zugelegt hast, sind dein Schutz. Sie wirken wie ein Puffer zwischen deinem Sein und der Welt. Es ist die innere Verletzlichkeit des kleinen Kindes in dir, das aufschreit

---

* In dem Buch "Das Unsichtbare wird sichtbar, Die Chakren und ihre Bedeutung für den heutigen Menschen", von Regine Zopf, das im Archantaya Verlag unter der ISBN 3-937534-00-8 erschienen ist, wird die Lichtübung für das Solarplexus-Chakra erklärt.

und sagt: "Wenn du weiter abnimmst, habe ich keinen Schutz mehr, das geht doch nicht, das kannst du mir nicht antun!"

Verstehe das, sei mitfühlend mit dir, oder man könnte auch sagen, sei mitfühlend mit diesem kleinen Kind, diesem noch immer schutzbedürftigen Kind. Es sagt auch: "Wenn du abnimmst und schlank wirst, sieht mich vielleicht niemand mehr. Mit mehr Pfunden sehen dich die Menschen." Das Kind in dir empfindet das so.

Du kannst dir helfen, wenn du einmal oder mehrere Male mit deinem inneren Kind Kontakt aufnimmst, mit ihm sprichst und ihm klar machst, dass du jetzt als große, erwachsene Frau gern abnehmen und ohne diesen Schutz leben möchtest. Wenn du wirklich abnehmen willst, dann musst du dem Kind einen neuen Schutz anbieten und zwar einen Schutz, den es akzeptieren kann. Es bedarf vielleicht einiger Zeit, mit diesem inneren Kind Kontakt aufzunehmen, mit ihm zu sprechen und es zu beruhigen. Vielleicht dauert es etwas, bis du seine Bedürfnisse anerkennen und es verstehen kannst. Du solltest dich also mit deinem inneren Kind liebevoll auseinandersetzen.

Es ist eine gewisse Angst, die die Freude, die du zunächst beim Abnehmen empfindest, verscheucht. Aber es ist die Angst des kleinen Kindes in dir, mit dem du intensiv in Kontakt treten und sprechen kannst und das du liebevoll in die Arme nehmen solltest.

Seit Jahrzehnten habe ich in meinem Hals einen Kloß, mal mehr, mal weniger. Es ist keine physische, sondern eine psychische Sache. Ich finde den Grund dafür nicht und deswegen finde ich auch keine Lösung.

Der so genannte Kloß im Hals ist ein Symbol dafür, dass in dir viel mehr ist, als du bisher ausdrückst und zwar nicht nur durch Worte, sondern mit deiner gesamten Energie. Du solltest Wege finden, damit du dein inneres Sein kreativ nach außen fließen lassen kannst – was auch immer für dich Kreativität ist und wie auch immer sich deine Energie verwirklichen möchte. Es geht also nicht nur darum, dass du dich mehr über die Sprache ausdrücken könntest, sondern über viele andere Dinge oder Wege, die du zuerst einmal suchen solltest. Das bedeutet, dass du in Bezug auf den Ausdruck deines inneren Seins in Bewegung kommen könntest. Wenn du dich darauf einlässt und dem nachspürst, wirst du in dir mit der Zeit immer mehr finden, was du vielleicht schon lange tun wolltest, aber bisher zurückgehalten hast. Das alles solltest du unbedingt umsetzen. Auf diese Art zeigst du dich im außen mit deinen Bedürfnissen und deinem Potential. Dann wird auch der Kloß verschwinden, denn es ist nichts mehr vorhanden, was zurückgehalten wird.

Es ist eine Sache der Verwirklichung des Inneren durch äußeres Tun, durch ein Herausfließenlassen der schönen Energie und manchmal sogar auch von aufgeregter Energie, die in dir ist. Im Grunde ist es jedoch gleichgültig, welche Energie es ist. Deine Energie möchte generell mehr ins kreative Fließen kommen. Das ist unsere Antwort für dich.

Ich möchte bitte einen Hinweis auf ein Problem bekommen, das mich offensichtlich schon viele Jahre begleitet und zu dem ich so keinen Zugang finde. Wann immer mich von außen Ignoranz und Ungerechtigkeit treffen, fällt es mir schwer, darauf zu reagieren und letztendlich ziehe ich mich zurück, ohne den Konflikt wirklich gelöst oder herausgefunden zu haben, welcher Teil in mir gekränkt und verletzt ist und geheilt werden möchte.

Du scheust in diesem Fall die Konfrontation. In dir ist der Gedanke, dass ein Mensch, der ungerecht oder ignorant ist, natürlich auch sehr aggressiv und verletzend werden kann. Ungerechtigkeit und Ignoranz sind für dich mit hoher Aggressivität verbunden und du scheust den Konflikt mit solchen Menschen. Du leistest dadurch der Ungerechtigkeit und Ignoranz Vorschub. Du fühlst dich schwach, oder du meinst zu schwach zu sein, dich dem stellen zu können. Es gibt nur einen Weg, um aus der Misere herauszukommen, indem du dich diesen Menschen gegenüberstellst und ausdrückst, wie du ihr Verhalten findest und wie es bei dir ankommt. Es gibt nur diesen einen Weg und er ist mit der Notwendigkeit verbunden, Mut zu beweisen.

Du kannst das nicht allein in deinem Inneren klären. Du musst mit solch einem Problem nach außen gehen. Du musst zeigen, was dich stört, auch wenn du Angst hast vor der Aggression dieses Menschen. Du kannst nie genau wissen, wie solch ein Mensch reagieren wird. Der eine wird von deiner Ehrlichkeit erschrocken und beschämt sein, der andere wird eventuell wirklich aggressiv reagieren. Achte weniger auf die Reaktion dieses Menschen. Drücke respektvoll aus, was dich stört. Dies ist das Wichtigste. Aber warte nicht zu lange damit, denn dadurch speicherst du Energie. Die Reaktion des anderen ist nicht das Wichtige. Dein Mut, diesen Schritt zu tun, ist das Wichtige. Auf diese Weise löst du in dir die Angst auf. Ja, nur auf diese Art kannst du die Angst auflösen.

Bestimmte Erkenntnisse müsst ihr im außen verwirklichen. Vieles könnt ihr im eigenen Inneren bereinigen, allein mit euch selbst. Vieles geht gar nicht anders. Andere Prozesse müssen im direkten Zusammensein, in direkter Konfrontation mit anderen stattfinden und dies ist solch ein Fall. Hab also Mut und trau dich, das auszudrücken, was dich stört und belastet.

Ich möchte mich gern beruflich verändern, weil mich meine jetzige Tätigkeit nicht ausfüllt. Ich möchte einen ganz anderen Weg gehen und lieber eine neue, geistige, spirituelle Tätigkeit bekommen und machen. Werde ich diesen Weg finden und wie werde ich so eine Arbeit finden?

Es ist in diesem Fall sehr wichtig, dass du dich zunächst in dir selbst intensiver zentrierst. Für dich ist es von großer Bedeutung, deine eigene Mitte oder einen ruhigen Pol in dir zu finden, um dadurch generell zentrierter zu werden und auch um deine jetzige Arbeit zentrierter zu tun. Dann kannst du herausfinden, dass du selbst in einer Arbeit, die dich nicht total oder besonders ausfüllt, viel mehr Freude erfährst, wenn du sie aus deiner Mitte heraus verrichtest. Zunächst solltest du deine Konzentration darauf legen, durch Meditation einen ruhigen Pol, deine Mitte oder in den vorherigen Worten ausgedrückt, deine innere Quelle zu finden und dich in ihr zu stabilisieren. Daraus wird sich dann alles Weitere wie von selbst entwickeln. Du stehst momentan am Anfang, viele neue Dinge und Bereiche zu entdecken. Du bist begeistert und überwältigt davon, was sich dir alles auf spiritueller, geistiger Ebene eröffnet. In solch einer Begeisterung möchten sich viele Menschen nur noch damit beschäftigen. Sie vergessen dabei, dass sie ja noch am Anfang ihrer geistigen Erfahrungen stehen. Nimm dir Zeit.

Ein wichtiger Punkt für euch alle ist, dass ihr ungeduldig seid, dass ihr alles auf einmal oder möglichst schnell erreichen und machen wollt. Entspannt euch. Nehmt euch Zeit. Lernt langsam, aber dafür richtig und Schritt für Schritt. Eines kommt nach dem anderen. Lasst es zu, dass sich die Dinge wie von selbst entwickeln. Das ist der spirituelle Weg. Der spirituelle Weg ist nie verbunden mit Hektik, Angespanntheit, Erreichenwollen oder -müssen.

Wir verstehen, dass dich deine Begeisterung überwältigt, aber lass es langsam angehen. Natürlich wirst du dann deinen Weg finden, aber der richtige Weg muss sich immer entwickeln. Er geht Schritt für Schritt, langsam.

Der westliche Mensch hier auf der Erde ist so tief geprägt davon, alles möglichst schnell machen zu müssen, alles sofort erreichen zu wollen. Das geht vielleicht manchmal in der materiellen, in der äußeren Welt. In der inneren Welt gelten oder herrschen ganz andere Gesetze. In der inneren Welt könnt ihr keinen Schritt überspringen und wenn ihr das versucht, werdet ihr leiden, wird etwas falsch laufen oder in die falsche Richtung gehen. In der inneren Welt müsst ihr geduldig mit euch sein. Das fällt dem westlichen Menschen sehr schwer. Sein Kopf ist schon viel weiter, die Gedanken sind schon an einem ganz anderen, weit entfernten Punkt. Dort ist er bereits der ideale starke Mensch. In der Realität ist er aber meistens noch gar nicht so weit. In der inneren Welt, wenn alles reibungslos und harmonisch verlaufen soll, könnt ihr keinen Schritt überspringen. Ihr müsst mit euch geduldig und vor allem liebevoll umgehen und völlig neue Dinge lernen. Ihr müsst langsam vorangehen, denn sonst überdreht ihr und werdet vielleicht überspannt, wodurch ihr euch nicht im richtigen Licht seht.

Ihr alle kennt es, wenn ihr von euch zu viel erwartet und perfekter sein wollt, als ihr eigentlich seid. Das erzeugt Spannung und Reibung. Ihr werdet wütend auf euch selbst und seid enttäuscht darüber, dass etwas nicht so klappt, wie ihr es euch vorgestellt habt oder dass ihr etwas nicht schafft, was ihr euch vorgenommen habt. Das ist immer ein Zeichen dafür, dass ihr ein viel zu hohes Bild von euch habt. Wenn ihr das merkt, dann müsst ihr sofort loslassen und etwas Liebevolles für euch tun. Ja, in diesem Fall könntet ihr euch sogar bei euch selbst für die Spannung entschuldigen, die ihr durch dieses überhöhte Bild erzeugt habt. Auf diese Weise gelangt ihr wieder zurück in die Realität – in eure Realität. Das ist wahres, liebevolles Sein und Handeln sich selbst gegenüber und bringt euch wieder in Harmonie mit euch selbst und dadurch mit der Existenz.

Die Existenz, Gott oder die Engel erwarten nichts von euch. Für uns seid ihr im Grunde perfekt, so wie ihr seid, denn wir sehen euer Potential. Wir sehen, dass ihr jederzeit die Kraft in euch tragt, im positiven Sinn eine Veränderung herbeiführen zu können. Wir sehen, dass sich für euch alles nach und nach, Schritt für Schritt entwickeln kann. Wir akzeptieren euch so, wie ihr seid. Und wenn ihr das auch tut, wenn ihr euch mit euren Schwächen und euren Stärken akzeptiert, wird es euch sofort besser gehen.

Wir haben euch darum gebeten, einmal herauszufinden, was eure Stärken und eure Schwächen sind und jeder von euch hat etwas gefunden. Jeder hat eine Stärke und auch eine Schwäche entdeckt. Beides ist in euch vorhanden. Wenn ihr beides im ausgeglichenen Maße akzeptiert und die Stärken genauso wie die Schwächen nicht überhöht, wird es euch gut gehen. Ihr kennt somit eure Stärken und eure Schwächen, an denen ihr arbeiten könnt, wenn sie in euch einrasten, wodurch sie nach und nach transformiert werden. In jeder Schwäche liegt auch etwas Gutes. Durch jede Schwäche lernt ihr euch tiefer kennen. Jede Schwäche ist ein Aspekt von euch, der beleuchtet, erkannt und im Licht gesehen werden möchte. Es ist immer alles eine Frage der Mitte. Die Stärken brauchen nicht überhöht zu werden und die Schwächen ebenfalls nicht. Sich in der Mitte einzupendeln bedeutet, dass ihr mit eurer Kraft geht. Das war ein kleiner Exkurs auf Grund deiner Frage.

Ich habe einen Knoten in der Schilddrüse und habe das Gefühl, dass er etwas größer geworden ist. Ich würde gern wissen, was ich neben der medizinischen Betreuung dafür tun kann, damit er nicht weiter wächst.

Wir möchten dir eine kleine Übung geben, denn im Grunde ist die Antwort für dich fast dieselbe, wie auf die vorherige Frage mit dem Kloß im Hals. Auch in dir steckt noch mehr, das seinen Weg nach außen in die Welt finden möchte. Auch du kannst dich mehr ausdrücken und es bedarf einfach und wir sagen bewusst, einfach, nur deiner Zustimmung, das zu tun.

Wir möchten dir vorschlagen, die folgende Visualisation über einen gewissen Zeitraum hinweg regelmäßig zu machen. Stell dir vor, dass Energie von deinem ersten Chakra hochfließt durch das zweite, dritte, vierte und fünfte Chakra, dem Hals-Chakra, und aus diesem hinausströmt. Das soll ein schöner Prozess sein, so als ob eine Fontäne von Energie aus deinem Hals-Chakra hinausströmt. Dadurch kommt dein gesamter Energiefluss in Gang, wodurch du Ideen bekommst, wie du dich in der Welt zunächst nur für dich selbst und vielleicht auch mit anderen besser ausdrücken kannst. Ebenso werden durch diesen Energiefluss Blockaden aus deinem

Hals-Chakra hinausgespült. Stell dir das als ein schönes Bild vor, als eine Fontäne von strahlendem Licht, die sich aus deinem Hals-Chakra ergießt.

Ich habe mit meiner Tochter Probleme. Sie hat viele Ängste, besonders in der Schule und ich habe das Gefühl, dass sie sich in letzter Zeit wieder in Krankheiten hineinflüchtet. Alles, was ich bisher unternommen habe, hatte bei ihr noch nicht die durchgreifende Wirkung. Wie kann ich ihr helfen?

Das ist eine schwierige Frage, denn du hast zu deinem Kind natürlich eine sehr enge Verbindung, die sich in Worten, in Gesten, aber auch in der Energetik zeigt, die zwischen euch besteht. Wenn du Angst hast, dann spürt sie Angst. Wenn sie Angst hat, spürst du Angst. Diesen Kreislauf der Angst, der zwischen euch hin und her läuft, musst du unterbrechen – du als die Mutter. Zunächst musst du verstehen, dass ihr eure Angst hin- und herschiebt. Ihr nehmt gegenseitig eure Angst auf und potenziert sie auf diese Art. Wenn du die Angst deiner Tochter vor der Schule fühlst, bekommst auch du Angst und machst dir Sorgen um sie. Dadurch schürst du wiederum ihre Angst, denn sie fühlt deine Unsicherheit.

Dieser Kreislauf muss unterbrochen werden und zwar von dir. Du als Mutter hast diese Aufgabe. Es ist also wichtig, dass du deine Angst, zum Beispiel durch die bereits angesprochene Übung mit dem Solarplexus-Chakra, auflöst oder unterbrichst. Wann immer in dir ein Gedanke der Negativität entsteht, was deiner Tochter in der Schule passieren könnte, musst du ihn stoppen und ihr Vertrauen schicken. Das tust du, wenn du sie in die Hände Gottes übergibst und darauf vertraust, dass für sie das Beste geschehen wird. Wenn du dir laufend Sorgen um dein Kind machst, hilfst du ihm nicht, kannst du ihm nicht helfen. In der Beziehung zwischen Kind und Mutter oder Vater laufen diese energetischen Geschehnisse ab. Es ist für dich als Mutter wichtig, dass du im positiven Sinn an dein Kind denkst und es im positiven Sinn unterstützt. Du hilfst deinem Kind nicht, wenn du ängstlich bist und dir Sorgen machst. Du unterstützt dein Kind, indem du ihm mit Rat und Tat zur Seite stehst und jeden Gedanken der Negativität radikal stoppst und sagst: "Ich vertraue für mein Kind." Dadurch hilfst du ihm. Du schwächst dein Kind, wenn deine Gedanken im negativen Sinn davongaloppieren, indem sie Szenen kreieren, was ihm alles an Schlechtem geschehen könnte.

Das, was wir auf diese Frage einer Mutter geantwortet haben, gilt natürlich für jede Art von Beziehung und trifft vor allem auf alle Menschen zu, die euch nahe stehen. Wenn ihr euch sehr um einen bestimmten Menschen sorgt und laufend Angst um ihn habt, dann könnt ihr ihm nicht helfen. Ihr müsst euch umorientieren. So wie ihr für euch selbst Vertrauen finden müsst, indem ihr euch mit einer höheren Quelle der Kraft verbindet, müsst ihr das auch mit anderen oder für andere tun. Sie sind ebenfalls verbunden mit einer höheren Quelle der Kraft und darauf müsst ihr vertrauen. Dann helft ihr einem anderen Menschen. Ihr helft ihm, indem ihr einerseits daran glaubt, dass er beschützt ist und ihn andererseits im ganz praktischen, realen Leben mit kleinen positiven Taten zur Seite steht. Das ist die wahre Hilfe. Sich Sorgen machen, sich quälen mit negativen Gedanken, was dem anderen geschehen oder passieren könnte, ist eigentlich eine Schwächung für ihn. Jeder dieser Gedanken trifft auf das Energiefeld dieses Menschen und greift ihn an. Solche Gedanken bauen sein Energiefeld nicht auf, sondern sie schwächen es. Das wollten wir in diesem Zusammenhang noch einmal betonen, denn dies gilt nicht nur für die Beziehung zwischen Mutter und Kind.

Für heute haben wir zunächst alle Fragen beantwortet. Wir bedanken uns bei euch für eure Mitarbeit und wir senden euch noch einmal unsere Liebe und unsere Freude. Wir durchfluten diesen Raum mit unserem Licht. Wir verabschieden uns.

Den verborgenen Schatz entdecken

(Die Fragen, mit denen sich die Teilnehmer vor der ersten Channeling-Sitzung am zweiten Tag auseinandersetzen sollten, lauteten:
- Welches Verhaltensmuster oder welchen Mechanismus möchtest du auflösen und loslassen?
- Wie schätzt du deine Chancen ein, das zu schaffen? Vertraust du dir dabei?
- Bist du wirklich bereit dafür und gewillt, das zu tun?)

Wir begrüßen euch und durchfluten diesen Raum mit unserem Licht. Wir senden unsere Liebe zu jedem einzelnen von euch. Jeder Einzelne wird von uns begrüßt. Fühlt euch in unserem Kreis willkommen und erkannt. Wir sehen eure Schönheit, eure Größe, euer Potential. Geliebte Freunde, auch heute stehen wir, die Engel der Heilung gemeinsam mit unserem obersten Meister, euch wieder ganz zur Verfügung.

Entspannt euch. Sinkt langsam in euer Innerstes hinein. Setzt euch ganz bequem hin. Lockert oder korrigiert eure Haltung. Atmet tief und leicht, so dass ihr körperlich ein Wohlbefinden fühlt. Entspannt euch mehr und mehr. Lasst los von den Gedanken, die gerade in euch vorherrschen und von den Gefühlen, die euch eventuell belasten. Alles Belastende kann jetzt für die Zeit unserer Zusammenkunft von euch fallen. Lasst die schweren Dinge des Lebens gehen und taucht einmal ein in einen Raum des Lichts. Stellt euch vor, dass ihr hier in einem Tempel oder einer lichtdurchfluteten Tempelhalle sitzt. Hier ist ein geschützter Raum, in dem ihr neue und frische Energie tanken und tief entspannen könnt.

Gestern sprachen wir davon, dass ihr ein Teil der Existenz und in ein Großes-Ganzes eingebettet seid. Wir sprachen davon, dass ihr nie allein seid und euch nie einsam fühlt, wenn ihr euch mit diesem Großen-Ganzen verbindet. Wir sprachen auch davon, dass ihr ständig durchflutet werdet von der kosmischen Energie und sie wie eine Art Nabelschnur zwischen euch und allem ist – zwischen euch und anderen Menschen, zwischen euch und dem Baum, zwischen euch und dem Stern am weit entfernten Himmel. Die kosmische Energie durchflutet alles. Sie ist überall präsent. Sie durchströmt und erzeugt überall Leben.

Darauf möchten wir heute eingehen. Die kosmische Ur-Energie fließt in euch ein und durchströmt euer gesamtes Sein, aber sie fließt auch wieder aus euch hinaus. Es herrscht ein Durchfluss von kosmischer Lebensenergie. Ein Teil dieser kosmischen Lebensenergie ernährt euren physischen Körper. Ein Teil ihrer Schwingung ernährt euren Gefühlskörper, ein anderer Teil euren Mentalkörper und ein weiterer Teil euren Spiritualkörper. Auf diese Art strömt in euer gesamtes Sein ständig Energie ein. Ihr bekommt vom Großen-Ganzen Energie, damit ihr körperlich existieren könnt, damit ihr fühlen könnt, damit ihr denken könnt, damit ihr das Göttliche erfahren und annehmen könnt. Die Energie fließt jedoch nicht nur bis in die winzigste Zelle eures physischen Körpers und in die Atome, wenn man es einmal so ausdrücken möchte, eurer Gefühle und Gedanken hinein und bleibt dann in euch, sondern sie verlässt euch auch wieder. Es herrscht ein Durchfluss an Energie. Auf die Art wie ihr ein- und ausatmet, fließt auch die kosmische Energie ohne euer Zutun durch euch hindurch.

Gestern sagten wir, je freier oder weniger belastet ihr seid, um so mehr Energie könnt ihr aufnehmen. Ihr werdet dadurch körperlich stärker, emotional stabiler, mental beweglicher und ihr öffnet euch mehr für das Höhere, das Göttliche. Der konstante Energiefluss in euch gewährleistet dies. Dasselbe geschieht mit dem Baum, mit der Pflanze, mit dem Tier, mit dem Stern.

Die Besonderheit des Menschen ist jedoch die, dass er diesen Durchfluss an Energie beeinflussen kann. Für ihn ist es möglich, dass er sich diesem Geschehen nicht hingeben muss. Er kann selbst bestimmen, wie viel Energie er aufnimmt und wohin diese in ihm fließen darf und wohin nicht. Vielleicht seid ihr euch darüber nicht bewusst, aber ihr tut es laufend, indem ihr zum Beispiel Gefühle unterdrückt und nicht lebt, wenn sie in euch entstehen. Ihr blockiert diesen Durchfluss, wenn ihr zu negativ denkt, zu viel schwarz seht oder zu düstere Gedanken hegt. Ihr behindert diese Energie ebenfalls, wenn ihr das Göttliche um euch herum negiert. Die Zufuhr und der Durchfluss der kosmischen Energie wird dadurch gestört und es bilden sich Stellen in eurem Energiesystem, die wie abgekapselt leben und existieren. Das hat immer auch Auswirkungen auf die Stärke, die Vitalität und die Kraft des physischen Körpers. Auf diese Art entstehen Stellen auf allen Ebenen des Seins, die die kosmische Energie nicht genügend aufnehmen können.

Wir haben heute die Bitte an euch gerichtet, euch ein positives Ziel zu setzen, indem ihr einen Verhaltensmechanismus angeht, bearbeitet und auflöst. Jeder von euch hat einen

Entschluss gefasst. Das ist gut. Jeder von euch hat sich etwas vorgenommen, das er ändern will. Wenn ihr diesem Entschluss nachkommt, euch bemüht und ihn verwirklicht, dann entsteht in eurem Inneren ein neuer freier Platz, ob nun in euren Gefühlen, in euren Gedanken oder eurem physischen Körper. Ein Platz wird frei, der vorher gebunden und belegt war von einem negativen Gedanken oder einem schweren Gefühl. Ein neuer Raum wird erschaffen, wodurch die Energie in euch leichter fließen kann. Ihr könnt frische Energie auftanken und verspürt dadurch Kraft und Hoffnung.

Wir haben auch noch gefragt, ob ihr es euch vorstellen könnt, diesen Mechanismus aufzulösen und ob ihr bereit seid, dafür wirklich alles in die Wege zu leiten. Es ist wichtig, dass ihr an euch glaubt. Ihr müsst daran glauben, dass ihr das, was ihr euch vornehmt, aus eigener Kraft heraus schafft. Das kann zwar mit Hilfe der kosmischen Energie, vielleicht auch mit der Unterstützung eines anderen Menschen geschehen, aber letztendlich seid immer ihr die Meister eures Lebens. Wenn ihr etwas in Angriff nehmt und euch darum bemüht, es zu verwirklichen, wenn ihr euch immer wieder bewusst für das Positive entscheidet, dann werdet ihr mit der Zeit eine innere Stärke generieren. Ihr baut euer Selbstbewusstsein auf und erfahrt Vertrauen in euch selbst – Vertrauen in euren Körper, in eure Gefühle, in eure positiven Visionen. Dann kann sich auch das große, letztendliche Vertrauen ausbilden – das Vertrauen, ein geliebter Teil dieser wunderbaren Existenz zu sein und es wird selbstverständlich, dass ihr euch in sie eingebunden fühlt. Ihr könnt euch nicht dieser Existenz zugehörig fühlen, wenn ihr kein Selbstvertrauen habt. Ihr müsst zuerst Vertrauen in euch selbst generieren, dann kommt das Vertrauen in das Größere. Erst muss sich euer eigener Horizont erweitern, damit ihr das große Bild erblicken könnt.

Es lohnt sich, diesen Weg zu gehen. Es lohnt sich immer, Bemühungen für die eigene innere Entwicklung auf sich zu nehmen. Ihr habt euch in dieser Gruppe füreinander geöffnet. Ihr habt Vertrauen in sie gesetzt, einen Teil eures Innersten gezeigt und dadurch etwas über euch verstanden. Auf diese Art könnt ihr in nächster Zeit weitergehen und weitermachen. Was kann es Schöneres geben, als euch selbst zu entdecken? In euch allen ruht ein noch verborgener Schatz. Werdet ein Abenteurer, der diesen Schatz entdeckt und hebt. Lasst nicht locker. Forscht weiter. Kehrt immer wieder zu eurer Quelle der Kraft zurück. Sinkt immer wieder tief in euch ein. Wir helfen und unterstützen euch dabei. Wir senden euch für diese Reise ins Innere Energie und wann immer ihr einmal nicht weiterwisst oder meint, nicht weitergehen zu können, dann bittet um unsere Unterstützung.

Ihr alle habt einen Mechanismus oder ein Verhalten gefunden, das ihr auflösen möchtet. Ihr habt etwas in euch in Gang gesetzt, etwas kam in euer volles Bewusstsein und die Entscheidung, es zu erkennen und auflösen zu wollen, ist wie ein Versprechen. Unsere Zusammentreffen sollen immer geprägt sein von Freude, von Leichtigkeit, von einem lichtvollen Raum, aber es soll auch so sein, dass wir gemeinsam eine ernsthafte Zusammenarbeit führen. Das, was wir anregen, kann von euch im ganz normalen täglichen Leben in die Tat umgesetzt werden. Es wird eure Aufmerksamkeit und Kraft benötigen, dies zu realisieren, aber wenn ihr euch bemüht, wird jeder Einzelne das schaffen können, was er sich vorgenommen hat. Seht es wie eine Art Versprechen, wenn ihr sagt: "Ja, jetzt bin ich bereit, dieses Muster, dieses Gefühl oder diesen Gedanken zu verändern oder aufzulösen. Ja, ich bin jetzt bereit, mich nicht mehr damit zu identifizieren, dass ich es nicht wert bin, geliebt zu werden. Ja, jetzt will ich etwas auflösen oder verändern. Ich bin bereit dazu, jetzt ist die Zeit." Wenn ihr das sagt, dann müsst ihr wirklich eure Energie in dieses Richtung lenken und ihr dürft nicht locker lassen oder aufgeben. Ihr müsst euer Ziel weiter verfolgen, damit ihr zu einem positiven, kraftvollen Ergebnis kommt.

Mit jeder Auflösung eines inneren Widerstands oder einer inneren Blockade, wird ein neuer Raum in euch erschaffen, der es möglich macht, dass sich die kosmische Energie mehr ausbreiten kann. Dadurch werdet ihr physisch kraftvoller, emotional leichter und mental weiter und lichtvoller. Ihr seht, die Arbeit lohnt sich! Die Bemühung lohnt sich! Schritt für Schritt fühlt ihr euch auf diesem Weg mehr zu dieser durch und durch positiven Existenz dazugehörig. Und erinnert euch daran, dass ein Teil von euch, eure Seele oder euer Spiritualkörper, immer in Harmonie mit allem ist und nie Mangel erfährt. Ein Teil von euch ist in Übereinstimmung mit dem Göttlichen und der Rest, die Gedanken, die Gefühle, der Körper, können dies auch werden, können dies auch sein und verwirklichen.

Gut, wer möchte die erste Frage stellen?

Was kann ich tun, um den Teil in mir, der noch sehr im Dunkeln liegt, zu integrieren?

Ein Teil, der im Dunkeln liegt – das können Gefühle oder auch schwierige Erfahrungen oder Situationen sein – ist immer ein Teil, der abgelehnt oder abgeschoben wurde. Man will ihn nicht sehen, weil es vielleicht zu schmerzhaft erscheint, ihn bewusst zu erfahren. Wie kannst du einen dunklen Teil integrieren? Das geht nur, wenn du Licht in diese Dunkelheit hineinschickst und genau betrachtest, was in diesem einst abgedunkelten Raum vorherrscht. Das bedeutet, dass du die Gefühle fühlst und die Gedanken denkst, die in diesem Raum vorhanden sind. Sie wurden einst in einen Bereich von dir abgeschoben, den du als sicher und abgeschlossen betrachten wolltest und konntest.

Es bedarf einer großen inneren Bereitschaft, solch einen abgeschlossenen inneren Raum zu öffnen und all die Gespenster, die sich in ihm gebildet haben, zu betrachten. Es braucht Mut, sich mit diesen Gespenstern in Form der Gefühle und Gedanken, die in diesem Raum eingeschlossen waren, dort herumgetobt haben und nie herauskommen konnten, zu konfrontieren und sie gehen zu lassen.

Diesen Zustand könnt ihr vergleichen mit einem großen Haus, das einen Raum mit schönen Fenstern hat, durch die der Sonnenschein fallen und ihn durchfluten kann. Aber ihr habt die Fensterläden geschlossen oder die Rollos heruntergelassen, die Möbel abgedeckt und die Tür zugeschlossen. Tagein, tagaus kommt ihr an diesem Raum vorbei und immer habt ihr dabei ein ungutes Gefühl. Jedes Mal fröstelt es euch und je öfter ihr vorbeigeht und es euch dabei fröstelt, um so mehr Gespenster fliegen in diesem Raum herum. Lange fühlt ihr euch zu ängstlich, um die Tür aufzuschließen. Ihr schreckt davor zurück, weil ihr denkt: Ohje, was geschieht, wenn ich diese Tür öffne? Werde ich das ertragen können? Wird nicht mein ganzes Haus von dieser Dunkelheit überschwemmt? Bei euren Überlegungen vergesst ihr, dass das Haus viel größer ist als dieser eine Raum. Ihr seid so viel mehr, als dieser eine dunkle Raum. Die Gespenster können hinausfliegen, wenn ihr die Fenster und die Fensterläden öffnet. Licht wird in den Raum fallen und ihr werdet den Staub auf den Möbeln erblicken. Wind wird in diesen Raum fahren und den Staub, der sich gesammelt hat, aufwirbeln. Aber ihr könnt einen Besen in die Hand nehmen und den Staub zusammenfegen, ihn genau betrachten und dann durch das Fenster wegschütten. Wenn ihr dann durch euer Haus geht, wird es keine verschlossene Tür mehr geben. Jeder Raum wird von Licht durchflutet sein.

Was ist also zu tun? Geh hin zu der Tür, wenn du wirklich bereit bist und sagen kannst: "Ich erweitere jetzt mein Haus um diesen Raum. Ich lasse auch in dieses Zimmer, das bisher aus meinem Erfahrungskreis ausgeschlossen war, Licht strömen. Ich beziehe dieses Zimmer jetzt mit ein. Ich mache aus diesem einst dunklen Raum einen hellen Raum. Ich fege den Staub zusammen."

Es bedarf der Bereitschaft und des Mutes, sich den Gespenstern im eigenen Haus zu stellen. So lange die Gespenster in dem Zimmer eingeschlossen sind, werden sie gegen die Tür pochen und herumheulen. Sie werden dir immer Angst einjagen, denn sie wollen ihre Freiheit haben und durch das Fenster hinausfliegen in das Licht. Auch sie möchten erlöst werden. Man muss sich also fähig und stark genug fühlen, diese Tür zu öffnen und dann wird auch dieser Raum des Hauses integriert und nicht mehr ausgeschlossen sein.

Brauche ich Hilfe von außen, damit ich meine Ängste besiegen und bekämpfen kann, oder kann ich das allein schaffen?

Es wäre für dich eine Unterstützung, wenn du eine konstante Begleitung hättest, die dir einen positiven Rahmen oder eine Art Stütze gibt, damit du nicht vom Weg abschweifst. Auf diese Art kannst du leichter bei der inneren Arbeit bleiben. Es wäre für dich sehr schön und etwas leichter, wenn du dabei Unterstützung hättest.

Ich frage das, weil ich schon seit zwei Jahren eine Therapie mache und das Gefühl habe, dass ich damit nicht weiterkomme. Vielleicht muss ich mir einen anderen Therapeuten oder etwas ganz Anderes suchen. Was meint ihr?

Ja, du musst dir etwas suchen, wo du dich wohlfühlst und das Gefühl hast, dass du gut aufgehoben bist und angenommen und verstanden wirst. Du solltest für dich überhaupt mehr positive Momente, also Dinge, die dir gut tun, suchen. Du bist dafür verantwortlich, dass es dir in deinem Leben gut geht. Du musst dir deine Liebe für dich selbst beweisen. Und wenn du das Gefühl hast, es wäre für dich eine Hilfe, eine positive Unterstützung durch einen Menschen zu haben, mit dem du an dir arbeitest, dann musst du dich auf die Suche nach einer Gruppe oder einem Therapeuten begeben, bei dem du dich wohlfühlst. Diese Treffen müssen nicht sehr häufig sein, aber ab und zu brauchst du immer mal wieder einen Anschub und eine Unterstützung. Eigentlich wünschst du dir, dass du eine Anlaufstelle oder einen gewissen Halt hast.

Ich wollte wissen, ob ich zu meinem jetzigen Beruf gehöre, der mir nicht gefällt oder ob sich da noch einmal etwas Anderes für mich öffnet.

Alles, was ihr im Moment tut, ist ein Spiegel eures Inneren. Dir gefällt deine Arbeit nicht oder nicht wirklich gut. Du fühlst dich dabei nicht so wohl, aber es ist die Arbeit, die du dir gesucht und die du gefunden hast. Ob sich etwas Neues eröffnen kann, liegt ganz allein an dir. Ich kann oder will dir keine Zukunftsvoraussage machen, das geht auch nicht, denn die Zukunft, um das ganz klar und eindeutig zu sagen, hängt von dir ab. Sie hängt davon ab, wie viel du dir zutraust und was du glaubst, meistern zu können oder was du bereit bist zu leisten, damit sich eventuell etwas ganz Neues für dich eröffnen kann.

Deine Zukunft ist nicht abhängig von einem positiven oder negativen Schicksal. Deine Zukunft ist abhängig davon, ob du dir etwas Neues zutraust und dafür Schritte in die Wege leitest oder für was du dich öffnen kannst. Wenn du dir mehr zutraust, als du es bisher tust, wird sich etwas völlig Neues eröffnen. Aber das ist nicht festgelegt. Kein Mensch hat ein festgelegtes Schicksal. Eure Zukunft liegt frei vor euch. Und um auf unser heutiges Thema zu kommen, je mehr Verhaltensmuster ihr habt, um so weniger offen und positiv könnt ihr eure Zukunft gestalten. Je mehr Muster ihr habt, um so leichter seid ihr voraussagbar, da ihr nicht frei schalten und walten könnt, sondern eingeengt seid in starre Verhaltensmechanismen, wie z.B. in negative Gedanken, schwere Gefühle oder Ängste. All diese Dinge machen euch eng und man kann die Zukunft relativ klar voraussagen, denn sie liegt im Rahmen eines sehr beschränkten Raumes.

Ein Mensch, der sich frei entwickeln kann, der seine Mechanismen angeht und nach und nach seine negativen Gedanken über sich selbst und die Welt auflöst, ist nie vorhersagbar. Die Zukunft liegt offen vor ihm. Heute lebt er vielleicht in Hamburg und morgen in London. Dieser Mensch geht mit den Energiegeschehnissen. Er braucht nicht aus Angst vor dem Neuen am Alten festzuhalten. Verhaltensmechanismen machen einen Menschen immer eng und beschränken ihn auf einen kleinen, fest abgesteckten Radius. Man kann sagen, je freier ein Mensch innerlich wird, um so mehr gehört ihm die ganze Welt. Das ist wirklich so.

Gibt es etwas, was ich vorrangig tun kann, um meinem Seelenpartner begegnen zu können?

Du könntest deine Gefühle bezüglich Männern klären. Du könntest für dich klären, warum du dich in deinen bisherigen Beziehungen immer eher klein gemacht hast oder dich wenigstens nicht voll und ganz so präsentiert hast, wie du wirklich bist und mit allem, was dich ausmacht. Warum hast du dich in einer Beziehung schnell unter den Scheffel gestellt? Erforsche dies und entscheide dich dann, ob du das weiterhin tun willst.

Damit man einen Seelenpartner finden und mit ihm zusammenleben kann, braucht man ein gewisses Maß an innerer Stärke und die Bereitschaft, sich so zu geben, wie man wirklich ist und man muss den Mut haben, dies mit dem anderen zu teilen. Hält einer dieser zwei Menschen immer etwas zurück, kann es nie eine Seelenpartnerschaft werden. In beiden muss die Bereitschaft vorhanden sein, sich so zu zeigen, wie man ist. Jeder muss somit ein gewisses Selbstbewusstsein und Selbstvertrauen ausgebildet haben.

Erforsche und kläre deine Gefühle in Bezug auf deine Beziehung zu Männern. Das ist der erste Schritt und ein Schritt folgt ja nach dem anderen. Es wird dir sehr viel über dich sagen. Und mache diese Erforschung nicht nur oberflächlich. Geh wirklich in dieses Thema hinein. Erforsche auch, warum du dich unter den Scheffel gestellt hast. Warum hast du dich schnell kleiner gemacht, als du wirklich bist? Man könnte sagen, dass du eine gestandene Frau mit Kraft und Humor bist. Schau, ob du bereit bist, diese Kraft in einer Partnerschaft zu leben. Kläre, ob du bereit bist, dich von einem anderen Menschen tief berühren zu lassen, so berühren zu lassen, dass etwas in dir bewegt wird. Das ist unser Tipp und der nächste Schritt für dich.

Ich habe gestern ja schon gesagt, dass ich mich darum bemühe, mein Körpergewicht zu reduzieren und wenn ich einen Erfolg erziele und Freude dabei verspüre, diese Macht über mich kommt, die bewirkt, dass es einfach nicht weitergeht. Wenn ich aber Urlaub habe und nicht zu Hause bin, ist das anders. Ich habe überhaupt nicht das Verlangen oder den Gedanken, ständig etwas essen zu müssen. Ich würde gern wissen, warum es zu Hause anders ist.

Wir möchten an gestern anknüpfen. Du erinnerst dich ja bestimmt noch an unsere Antwort. Wenn du im Urlaub oder auch nur ein paar Tage weg bist von zu Hause, weg von den Anforderungen der Arbeit und den Dingen, mit denen du dort beschäftigt bist, entspannst du dich und wirst locker. Du brauchst weniger den Schutz des Essens, weil der Stress des täglichen Lebens nicht vorhanden ist. Der Stress des täglichen Lebens ängstigt, um auf gestern zurückzukommen, das kleine Kind und es sagt: "Bau die Sicherheit auf, bau den Schutz auf. Erschaffe dir einen Schutz durch das Essen und verringere somit die Spannung."

Im Urlaub sind diese Spannungen und Anforderungen nicht präsent und das innere Kind entspannt sich und suggeriert dir nicht ständig: "Bau den Schutz auf, erhalte den Schutz. Iss, damit du stark bleibst. Iss, damit du gesehen, anerkannt und nicht übergangen wirst." Im Urlaub entspannt sich die Situation für das innere Kind.

Wir gaben dir gestern den Tipp, mit diesem inneren Kind Kontakt aufzunehmen, es zu beruhigen, es in die Arme zu nehmen, ihm Zuspruch zu geben oder dich einfach nur in

Kontakt mit ihm zu setzen und es sprechen zu lassen. Versuch es einmal.

Ich möchte die innere Ursache meiner regelmäßigen Menstruationsschmerzen wissen, weil ich sie schon seit 35 Jahren habe und immer noch nicht weiß, warum das so ist.

Ja, es ist gut, dass du das fragst, damit du Klarheit darüber erlangst und wenigstens weißt, was die innere Ursache für diese Schmerzen ist. Alle deine Fragen hängen irgendwie miteinander zusammen und haben etwas miteinander zu tun. Die Menstruationsschmerzen kommen daher, dass du dich im Leben relativ zusammenreißt, angespannt bist und dich auch unter Spannung hälst. Daraus entsteht, dass deine körperliche Energie nicht frei fließen kann. Menstruationsschmerzen kann man dem zweiten Chakra zuordnen. Das zweite Chakra ist zuständig für die Vitalität des gesamten Körpers. Ein Mensch, der unter großer Anspannung steht, seine Energie zurückhält oder sich sehr stark kontrolliert, kann leicht unter solchen Schmerzen leiden. Ein weiterer Aspekt ist der, dass durch die Menstruationskrämpfe die angestaute Energie der letzten vier Wochen, wenigstens wenn sie häufig oder sogar immer auftauchen, abgebaut wird. Das ist natürlich ein sehr schmerzhafter Weg.

Du kannst das auflösen oder zunächst einmal verbessern, indem du die Spannungen, die sehr wahrscheinlich durch Gefühle ausgelöst werden, rein körperlich abbaust. Du könntest dir etwas aussuchen, womit du dich fit hälst. Das kann joggen oder Rad fahren sein, aber in der ersten Zeit muss es relativ regelmäßig passieren. Auf diese Art kann der physische Körper Spannungen sofort oder schneller abbauen und muss sie nicht vier Wochen lang speichern. Es baut sich also keine zu große Spannung auf, die dann während der Periode durch Krämpfe und somit durch Schmerzen ausgetragen werden muss.

Ich war bei einer Heilerin und hoffe, dass sie etwas in dieser Richtung bewirken kann.

Du musst hauptsächlich selbst etwas bewirken. Du musst verstehen, dass du diese Schmerzen und Spannungen selbst kreierst und du bist auch diejenige, die die Lösung herbeiführt. Du brauchst sie nicht in die Hände anderer abgeben. Du kannst sie relativ einfach herbeiführen, indem du regelmäßig etwas auf die Art, wie wir es vorgeschlagen haben, für dich tust.

Zum Abschied senden wir zu jedem von euch unsere Energie. Noch einmal lassen wir auch unsere Energie in das hineinfließen, was ihr euch heute vorgenommen habt. Mit eurer Bereitschaft, diesen Mechanismus aufzulösen und mit unserer Hilfe werdet ihr das meistern. Es war uns eine Freude, bei euch zu sein, mit euch zu sprechen und unsere Energie mit euch zu teilen. Genießt noch einmal die Stille des Augenblicks. Wir lieben euch. Wir sind mit euch und wir verabschieden uns jetzt. Es war uns eine Freude. Dank an euch.

Seminar mit den Engeln der Heilung zum Thema:

Die eigene Kraft entdecken

Die Quelle der unendlichen Energie

Wir begrüßen euch und wir senden euch unsere Liebe und unser Licht. Wir begrüßen jeden einzelnen von euch und zu jedem senden wir nun ganz gezielt unsere Liebe. Große Freude durchwirkt unser Sein, weil ihr den Weg hierher und zu uns gefunden habt. Große Freude herrscht in uns über eure innere Bereitschaft und Offenheit, uns zuzuhören und unsere Energie zu empfangen. Der Ruf wurde von uns ausgesandt und ihr habt ihn gehört und wahrgenommen. Dafür danken wir euch schon einmal vorab.

Wir wollen euch an diesem Wochenende mit eurer eigenen Kraft vertraut machen. In jedem einzelnen von euch existiert eine Quelle von unerschöpflicher Energie und nicht nur das. Ihr alle werdet ständig durchströmt von einer Kraft, die eure eigene persönliche Kraft in ihrer Größe und Stärke weit übertrifft. Ihr alle seid im Grunde eine Art Medium für eine unendliche, niemals versiegende Energie. Diese Energie durchströmt alle Ebenen eures Seins. Sie ernährt eure eigene innere Quelle, eure eigene innere Kraft. An diesem Wochenende ist es möglich, dass ihr euch mit dieser Energie intensiver verbinden könnt. Es liegt in eurem Ermessen, an eurer Bereitschaft, an eurem Wunsch und an eurer Sehnsucht, wie ihr diese Energie wahrnehmt, sie aufnehmt und durch euch bewusst fließen lasst.

Ihr alle seid Teil eines wunderbaren Geschehens. Ihr alle seid Teil eines unendlichen, wunderbaren, großartigen Gefüges. Alles in diesem Gefüge wird ernährt und gespeist von dieser unerschöpflichen, unermesslichen Energie. Ihr alle seid Kinder dieser Energie und wenn ihr sie wie eure Mutter anseht, dann ist sie es, die euch in jeder Stunde, in jeder Minute, in jedem Bruchteil einer Sekunde ernährt. Ihr meint, ihr lebt euer ganz eigenes persönliches Leben. Ihr alle seid wenigstens teilweise gefangen in den Wirrungen eures Lebens und doch fließt auch in euren dunkelsten und schwärzesten Stunden diese wunderbare, kostbare Energie durch euch hindurch. Ständig empfangt ihr das Geschenk des Kosmos. Ständig durchfließt euch eine unermessliche Energie, die euer inneres Potential, eure Fähigkeiten durchpulst und ernährt. Nur leider ist es so, dass viele Menschen sich über diesen Vorgang nicht bewusst sind.

Wir möchten euch dieses Geschehen in den kommenden Stunden näher bringen. Es ist möglich, dass sich jeder von euch als einen geliebten, kostbaren Teil dieses kosmischen Gesamtgefüges fühlt. Es ist möglich, dass jeder von euch diese unerschöpfliche Quelle der Kraft in sich wahrnimmt, entdeckt und für sich in der kommenden Zeit als Erfahrung bewahren kann. Ihr alle kennt es, eure gesamte Kraft zur Verfügung zu haben. Ihr alle wisst, wie es ist und wie es sich anfühlt, sozusagen im vollen Saft zu stehen. Diese Erfahrung ist in eurem Sein gespeichert. Manche haben sie vielleicht vergessen, andere haben sich entschieden, sich über sie nicht bewusst zu sein, andere sehnen sich nach ihr und möchten sie für sich selbst immer wieder in das tägliche Bewusstsein holen.

Bevor ihr eurer Kraft vertrauen könnt, müsst ihr sie zunächst einmal kennen. Zu viele Menschen sind nicht auf ihre Kraft, ihr Potential oder ihre Stärke, sondern eher auf ihre Schwächen und so genannten Fehler fokussiert. Sie verlieren sich in Ängsten, in Panik und in falschen Glaubensvorstellungen, indem sie meinen, dass sie bestimmte Bereiche ihrer Kraft nicht leben dürften. Jeder hat sich dabei für etwas Anderes entschieden. Jeder hat seine eigene Begründung und unterschiedliche Erfahrungen gemacht, warum er seine Kraft in bestimmten Bereichen nicht leben kann oder vielleicht sogar nicht leben darf. Meistens ist es so, dass die einen ihre Kraft unterschätzen und die anderen ihre Kraft überschätzen. Beides ist nicht ausgewogen oder realistisch. Diese Menschen sind sich über ihre wahre Realität oder die wahre Natur ihrer Kraft und Stärke nicht im vollen Umfang bewusst. Der erste Schritt ist also, in direkteren Kontakt mit der eigenen Kraft zu gelangen. Dann kann mehr Energie in die Bereiche, in denen ein gewisses Manko besteht, hineinfließen.

Jeder von euch hat gewisse Teile seiner Kraft von sich abgeschnitten und kann sie somit nicht uneingeschränkt fließen lassen und leben. Ihr alle habt dafür eure ganz eigene Begründung. Viele Menschen haben Angst vor ihrer wahren Stärke. Unbewusst herrscht in ihnen der Glaube und auch das Wissen, dass sie, wenn sie ihre Kraft frei fließen lassen würden, ihr altes Leben, so wie es jetzt ist, nicht weiterleben können. Viele wissen unbewusst, dass sie dann etwas ändern müssten und auch ändern könnten.

Der Wunsch muss also in euch unbändig und groß sein, diese kosmische Kraft von Tag zu Tag, von Jahr zu Jahr mehr durch euch fließen zu lassen. Der Wunsch muss groß sein, diese kosmische, göttliche Kraft umfassender empfangen und intensiver mit ihr fließen zu können. Sehnsucht muss euch durchwirken, ein größeres, perfekteres Medium für diese Kraft zu werden.

Ihr könnt euch und euer Leben in einem viel weiteren Rahmen sehen. Ihr könnt euch als ein Wesen erkennen, das ständig genährt wird von der kosmischen, göttlichen Kraft. Ihr könnt euch als ein Wesen wahrnehmen, durch das sich die göttliche, kosmische Kraft ausdrücken kann. Deswegen solltet ihr alle Bereiche in euch beleuchten, die nicht in Harmonie mit dem Kosmos, mit der Göttlichkeit sind. Das sind Bereiche, die nicht von eurer eigenen Liebe durchflutet sind, die ihr ablehnt und von denen ihr zum Beispiel sagt: "Es ist nicht in Ordnung, so wie ich denke und fühle."

Ihr könnt euch in einem viel größeren Rahmen erkennen, sehen und fühlen. Ihr könnt euch und euer Leben, eure Wünsche und Sehnsüchte mit den Augen der Liebe beleuchten. Dadurch nehmt ihr wahr, wo ihr euch freiwillig Wunden zufügt oder euch noch von der Fülle der Existenz abschneidet. Das zeigt sich immer darin, wie eure Kraft und eure Energie fließen kann und wo sie blockiert wird.

Es gibt zwei Ebenen in euch. Euer gesamter Fokus ist auf die eine Ebene gerichtet. In dieser Ebene läuft alles ab, was ihr könnt und nicht könnt, was ihr schafft und nicht schafft – wo ihr eure Kraft einsetzt und wo nicht oder wo ihr eure Energie lebt und wo nicht. Oberhalb dieser Ebene gibt es noch eine andere. In dieser Ebene eures Seins fließt die kosmische Energie laufend ungehindert. Je mehr ihr euch über diese Ebene bewusst werdet, um so leichter wird euer Leben werden. Wir nennen sie die Quelle der unerschöpflichen Energie und jeder von euch kann mit ihr in Kontakt kommen.

Ihr könnt alles in eurem Leben meistern, was ihr euch vornehmt oder was ihr als eine große Sehnsucht in euch tragt, selbst wenn ihr im Moment noch zaudert und damit hadert, ob ihr das verwirklichen könnt. Wir sagen euch, wenn ihr mit dieser Quelle der Kraft in Kontakt kommt, die euer Sein beständig durchfließt, ernährt und aufbaut, dann könnt ihr all das schaffen und meistern, weil ihr mit der unerschöpflichen Energie des Kosmos fließt und mit ihr im Einklang seid.

Jeder von euch weiß tief in seinem Inneren, und wenn es nur unbewusst als eine Speicherung vorhanden ist, dass er mit dieser Quelle der Kraft verbunden ist, sie in sich trägt und jederzeit mit ihr in Kontakt kommen kann. Nur falsche oder fehlgeleitete Glaubensvorstellungen haben eure Aufmerksamkeit von dieser Kraft abgelenkt.

Fühlt in euch hinein. Jetzt in diesem Moment seid einfach nur da, ganz aufmerksam, ganz wach. Hier in diesem Raum ist eine große Energie präsent. Hier in diesem Raum steht für euch unendlich viel Energie zur Verfügung. Sie umgibt euch, aber sie durchfließt euch auch. Alles, was ihr tun müsst, ist lediglich offen, empfänglich und rezeptiv zu sein. Ihr könnt jetzt einmal alle Sorgen, alle Ängste, alle Befürchtungen, alle Glaubensvorstellungen für einen kurzen Moment fallen lassen und sofort spürt ihr die Energie. Schon durchwirkt sie bewusst euer Sein und ihr empfangt ein Übermaß an Energie, das euch stärkt und aufbaut für alles, was ihr euch vornehmt. Es kommt lediglich darauf an, wohin ihr euren inneren Fokus richtet. Jetzt in diesem Moment ist es möglich, wachsam, aufmerksam und rezeptiv zu sein und Energie als Kraft und Stärke zu fühlen. Nur euer inneres Ja, eure Zustimmung ist nötig und schon seid ihr in Kontakt. Es benötigt keine jahrelange Arbeit. Dieses Geschehen ist von einer Sekunde auf die andere fühlbar.

Es ist möglich, dass ihr Fragen an uns richtet. Möchte einer von euch etwas fragen?

Was kann ich bitte tun, um die Blockaden aufzulösen, die mich hindern, die kosmische, göttliche Energie zu spüren?

Du kannst deinen Selbstzweifel abbauen. Du fragst, welche Blockade du abbauen musst. Das ist dein Selbstzweifel. Es trifft nicht zu, dass du das kosmische, göttliche Sein nicht spüren kannst oder noch nie gespürt hast. Du denkst es vielleicht von dir, aber das stimmt nicht. Auch du kennst die kosmische Energie und bist vertraut mit ihr. Was du aber tust – du schätzt dich zu gering ein. Ist es nicht so?

Doch. Ja!

Ist es nicht so, dass du das kosmische, göttliche Sein kennst?

Vielleicht... Ja?

Gut. Im Moment sagst du noch, vielleicht. Aber nimm diese Frage, ob du das göttliche Sein kennst, mit und horche in dich hinein, ob du es nicht doch kennst.

Ich würde gern fragen, was diese verschiedenen kleinen Lichter, die ich manchmal um Menschen herum sehe, bedeuten?

Für dich ist es von großer Wichtigkeit, dass du dein Vertrauen in dich selbst ausdehnst. Du kannst darauf vertrauen, begleitet und geführt zu sein. Du kannst darauf vertrauen, ein göttliches Wesen zu sein, das vom Universum getragen wird. Dann kannst du deine Fähigkeit, feinstoffliche Energien wahrnehmen zu können, ausbauen und leben. Dazu brauchst du aber Sicherheit und das Gefühl, beschützt und geborgen zu sein. Du hast ein sehr weiches, feines Wesen. Dieses feine, weiche Wesen braucht Schutz. Das weißt du. Dieser Schutz kann aber niemals von außen kommen. Diesen Schutz musst du dir selbst geben. Du musst oder kannst lernen, was es alles beinhaltet, dich zu schützen. Du kannst lernen, aktiv für dich und deinen Schutz einzustehen. Aber du musst bereit dazu sein. Es ist möglich für dich, beide Seiten zu leben. Für die sensible, feine, rezeptive Seite in dir musst du eigentlich nichts tun, denn sie ist ausgebildet. Aber die andere Seite in dir, die rechte, die aktive und auch beschützende Seite musst oder kannst du noch kennen lernen und ausbauen. Das liegt in deinem Aufgabenfeld. Es bedarf deiner Bereitschaft, dass du das lernen kannst und umsetzt.

Warum musste ich bisher so viele Schmerzen erleiden, was die Ehe, die Partnerschaft und die Beziehung zu meinen Eltern betrifft?

Das ist eine sehr umfassende Frage und wir müssten in dir ganz tief forschen und sehr vieles erklären. Nur kurz ein kleiner Tipp, warum das so ist. Eigentlich ist es ein Widerspruch, dass du, wie du sagst, so viele Schmerzen im Bereich der zwischenmenschlichen Beziehungen, in der Partnerschaft oder mit deinen Eltern, erlebt hast, weil du ein Mensch bist, der lieben kann. Der letztendliche Grund dafür liegt sehr tief in dir und wurde in lang vergangener Zeit von dir erschaffen. Es ist deine Aufgabe, dies intensiv zu erfahren und zu erforschen. Hier in dieser Runde möchten wir aber sagen, dass du dich einst dafür entschieden hast, Liebe zu geben und grundsätzlich offen für die Menschen zu sein und zu bleiben. Dabei hast du nicht beachtet, dass es wichtig ist zu erkennen, welche Entscheidungen andere für sich getroffen haben, ob sie offen sind oder nicht, ob sie Liebe geben und empfangen wollen oder nicht.

Es ist jetzt für dich von großer Bedeutung, dass du dir selbst einen Schutz für den Schatz gibst, den du in dir trägst – für dein offenes Herz. Du musst lernen, mehr und mehr Energie und Kraft in diesen Bereich hineinfließen zu lassen. Auch du musst dazu bereit sein oder bereit werden. Du hast freiwillig diesen Schmerz auf dich genommen. Du wolltest offen sein. Du wolltest Liebe geben. Dabei hast du dein Wohlbefinden, deine Liebe für dich in den Hintergrund gestellt.

Ist es für mich möglich, dass ich meine Kraft auch im täglichen Leben manifestieren kann?

Du weißt es selbst und lernst es langsam, dass das Wichtigste für dich ist, überhaupt bereit dafür zu werden, hier auf der Erde mit den Menschen zu sein und dich als einen Teil ihrer Gemeinschaft zu erfahren. Es ist dein Lernprozess, jeden Tag Ja zu sagen, jeden Tag ein Ja in dir zu finden, obwohl tief in dir vielleicht ein Nein vorhanden ist. Das erscheint zwar wie ein Widerspruch, aber das ist der Weg – einerseits ein Ja zu finden, andererseits ganz genau das immer wieder auftretende Nein zu beachten und zu beleuchten, es wahrzunehmen, es zu akzeptieren und zu verstehen. Du brauchst nichts von dir abzulehnen. Das gilt für euch alle.

Ihr braucht das, was ihr in euch als Nein vorfindet, nicht abzulehnen. Die vielen unterschiedlichen Neins wollen und müssen alle ans Tageslicht geholt werden, wollen und müssen Aufmerksamkeit und Beachtung bekommen. Erst dann können sie gehen und erst dann kann das Ja umfassend werden. Es ist ein Lernprozess für dich, immer wieder ein Ja für das Leben zu finden. Gleichzeitig triffst du dabei auf das Nein und das ist auch gut und richtig so. Es ist einfach da. Versuche es nicht wegzuschieben. Es ist ein Teil von dir. Liebe das Nein. Achte das Nein. Es ist ein Teil von dir. Aber wende dich auch immer wieder dem Ja zu. Schau, ob du nicht jeden Tag etwas findest, was dir Freude bereitet, was dir die Empfindung gibt, dass es doch schön ist, auf dieser Erde zu sein.

Wo blockiere ich meine innere Energie und hat das etwas damit zu tun, dass ich mich nicht spüren kann?

Du neigst dazu, deine Energie, deine Kraft, deine Einsicht und deine bereits gefassten Entschlüsse anzuzweifeln. Eigentlich weißt du ganz genau, was gut für dich ist und was nicht. Daran liegt es nicht. Woran es bei dir hakt, wenn ich es einmal so ausdrücken darf, ist, dass du immer wieder Selbstzweifel zulässt und dadurch deine Energie, die sich im Grunde sehr gut bündeln kann, angreifst. Du hast Angst vor den Konsequenzen, wenn du deine Energie fließen lässt. Du zweifelst deswegen deine Einsicht, deine Klarheit und deine Wünsche an. Daran hakt es. Dadurch verheddert sich deine Energie. Deine Kraft wird zersplittert und du kommst nicht dazu, einen Entschluss zu treffen.

Der Selbstzweifel war natürlich auch schon in deiner Kindheit da. Der Zweifel, ob du so wie du bist, richtig bist oder ob etwas an dir falsch ist, weil du in deinen Augen nicht die Aufmerksamkeit bekommen hast, die du dir gewünscht hast. Daraus ist ein gewisser Mangel entstanden, den du jetzt kompensieren möchtest. Diesen Mangel versuchst du in einer Partnerschaft auszugleichen. Also gewisse Spuren, gewisse Wurzeln sind in deiner Kindheit zu finden.

Was kann oder muss ich tun, um meine wirkliche Berufung in beruflicher Hinsicht zu finden?

Du sprichst von einer Berufung und nicht nur von einem Beruf. Du möchtest also etwas, wodurch du dich mehr ausdrücken kannst?

Ja.

Ein Tipp an dich, nur ein Tipp. Erkunde deine Ängste in Bezug auf deine bereits vorhandenen beruflichen Sehnsüchte. Beleuchte deine Ängste in dieser Hinsicht und gehe in sie hinein. Wenn du dich diesen Ängsten stellst, kannst du dir freier eingestehen, was du wirklich gern tun möchtest. Eigentlich bist du ein, wenn ich es so ausdrücken darf, verrückter Typ. Das ist im netten Sinn gemeint. Du hast die Fähigkeit, verrückte Dinge zu tun, die Menschen mitreißen und in eine völlig andere Energie bringen können. Steh in nächster Zeit mehr zu deinen bereits vorhandenen Qualitäten und Fähigkeiten und beleuchte die mit ihnen verbundenen Ängste. Das ist vorerst unser Tipp.

Wir sehen, es sind viele Fragen vorhanden. Auch wenn wir jetzt nicht alle sofort beantworten, werden wir doch für jeden von euch im Laufe dieser Tage Antworten finden. Wir werden jedem von euch unsere Energie, unsere Liebe und unsere Bewusstheit direkt zufließen lassen. Für jetzt möchten wir aber diese Sitzung beenden. Wir freuen uns über euch. All unsere Liebe, unser Licht bis zu unserer nächsten Zusammenkunft.

Eine Reise zur ureigensten Energie

Wir begrüßen euch wieder und stehen euch ganz zur Verfügung. Zunächst einmal senden wir zu jedem Einzelnen unsere Liebe und unser Licht.

Wir möchten mit euch eine Reise zu eurer ureigensten Energie machen. Fühlt euch in diesem Raum eingehüllt in Licht und in Liebe. Ihr seid hier an diesem Platz sicher und geborgen und ihr könnt euch auf diese Reise vollkommen einlassen. Wir werden euch führen. Wir werden euch begleiten. Wir werden euch anleiten und mit verschiedenen Stationen eures Lebens arbeiten, damit ihr näher an eure eigene Kraft herankommt.

Atmet zu Beginn dreimal tief ein und aus.
Lasst alle Anspannungen und Gedanken los.

Nehmt nun euren Körper wahr,
spürt ihn, fühlt ihn.
Fallt einmal ganz in ihn hinein.
In eurem Körper pulsiert Energie.
Euer Körper nimmt laufend
die kosmische Ur-Energie in sich auf,
ohne dass ihr etwas dafür tun müsst.

Er ist ein perfektes Instrument
für die kosmische Ur-Energie.
Er nimmt sie auf und
gibt sie auch wieder ab.
Energie fließt in euren Körper hinein,
wird weitergeleitet,
wird auch umgearbeitet und
fließt wieder aus ihm hinaus.
Er ist im Grunde seines Seins
ein vibrierendes, pulsierendes Wesen.

Wenn ihr euren Körper
ganz bewusst wahrnehmt,
seid ihr im Moment –
ihr befindet euch im Hier und Jetzt.
Es ist eine Meditation,
einfach nur den Körper
zu spüren und wahrzunehmen.
Je tiefer ihr euch
auf diese Wahrnehmung einlasst,
desto mehr kommt ihr
in den Augenblick hinein.

Dann gibt es keine Vergangenheit
und keine Zukunft,
sondern nur das Jetzt.
Es gibt nur das Fühlen, das Spüren,
das Wahrnehmen, das Pulsieren,
das Vibrieren.
Es gibt nur das Jetzt im Körper.
Es gibt keine Beurteilung
oder Verurteilung.

Es gibt nur das Jetzt,
das Hiersein, das Dasein,
das Spüren, das Wahrnehmen.
Ihr seid vollkommen entspannt
und gleichzeitig vollkommen wach.

Wir werden nun mit unserer Reise beginnen
und schrittweise in eurem Leben zurückgehen.
Erinnert euch an den gestrigen Tag.
Wie habt ihr euch gefühlt?
Was ging in euch vor?
Wie konnte insgesamt eure Energie fließen?
Erinnert euch und
betrachtet euch urteilsfrei.

Dann gehen wir ungefähr eine Woche zurück.
Was war vor einer Woche?
Wie habt ihr euch gefühlt?
Was habt ihr gemacht?
Wie konnte eure Energie fließen?

Wir machen einen weiteren Schritt.
Geht ungefähr ein Jahr zurück und
lasst euch zu einer Situation führen,
die wichtig für euch war.
Es kann ein freudiges oder
auch ein schmerzhaftes Erlebnis sein.
Wie habt ihr in dieser Situation reagiert?
Wie konnte dabei eure Energie
und eure Kraft fließen?
Betrachtet alles ganz neutral.

Und wir machen den nächsten Schritt
auf unserer Reise.
Geht ungefähr zehn Jahre zurück.
Lasst euch zu einer wichtigen Situation
vor zehn Jahren führen.
Wie habt ihr eure Kraft gelebt?
Wie stark war sie?
Wie viel Vertrauen hattet ihr in sie?

Dann gehen wir von dort aus
weitere zehn Jahre zurück.
Lasst euch zu einer wichtigen Situation führen
und betrachtet, wie ihr zu dieser Zeit wart.
Schaut, wie ihr gelebt habt.
Wie konnte sich eure Kraft in euch
ausdehnen oder ausbreiten?
Betrachtet ganz frei und neutral.

Jetzt machen wir den nächsten Sprung.
Lasst euch in die Zeit zurückführen,
in der ihr 16, 17 oder 18 Jahre alt wart.
Fühlt eure damalige Energie.
Wie habt ihr sie ausgelebt?
Betrachtet euch.

Weiter geht die Reise zurück in die Zeit,
als ihr ein Kind von
ungefähr elf Jahren wart.
Seht und fühlt eure Wünsche,
eure Energie, eure Kraft und das Umfeld,
das eure Kraft fördert oder eher unterdrückt.
Wie konntet ihr sie als elfjähriges Kind ausleben?

Betrachtet alles genau.
Lasst euch weiter in das Alter
von ungefähr fünf Jahren zurückziehen.
Ihr seid nun ein fünfjähriges Kind und
die Erinnerung von einer
wichtigen Situation steigt in euch auf.
Spürt die Energie, die ihr als Kind hattet.
Seht euch, fühlt euch, erkennt euch.

Wir gehen einen Schritt weiter zurück
in eine Zeit, in der eure Energie
noch unbelasteter von allem war.
Nun seht ihr euch als ihr zwei
oder drei Jahre alt wart.
Das ist möglich, denn die Erinnerung
ist in euch gespeichert.
Fühlt die Kraft,
die in eurem kleinen Körper steckt.
Nehmt euren Lebenswillen wahr.
Fühlt euren Wunsch
nach Ausdruck, nach Erweiterung.
Spürt, wie ihr Lust darauf habt,
eure Energie zu leben und
eure Kraft auszuprobieren.
Lasst das alles auf euch wirken
und betrachtet es frei.

Jeder, der bereit dazu ist,
kann jetzt einen weiteren Schritt tun.
Lasst euch nun
zurückfallen zu dem Punkt,
als ihr ein nicht-inkarniertes Wesen wart,

das den Wunsch in sich trägt,
ins Leben einzutreten
und einen Körper anzunehmen.

Lasst euch ganz leicht
zu diesem Punkt hinziehen.
Erlebt, wie ihr reine Energie seid.
Energie, die sich darauf freut,
ins Leben einzutreten.
Keine Probleme erscheinen euch unlösbar
und der Wunsch ist groß,
sich auszudrücken und
sich im Leben auszuprobieren.
Erkennt ihr, dass es eure freie Entscheidung war,
in das Leben einzutreten?
Fühlt ihr den unbändigen Drang,
die unbändige Energie und
den unbändigen Wunsch in euch?
Nehmt diese Energie ganz bewusst wahr.
Lasst sie auf euch wirken und
nehmt euch Zeit für diesen besonderen Augenblick.
...

Jetzt gehen wir wieder auf die Reise
und zwar diesmal vorwärts.
Geht zu dem zwei- oder dreijährigen Kind.
Fühlt es, nehmt es wahr.
Lasst euch zu dem fünfjährigen Kind ziehen.
Fühlt seine Energie.
Lasst euch zu dem elfjährigen Kind ziehen.
Fühlt seine Energie.
Lasst euch zu dem sechzehnjährigen Kind ziehen.

Fühlt seine Energie.
Geht dann selbständig
und in eurem eigenen Tempo
bis zum jetzigen Ausgangspunkt zurück.
Nehmt euch Zeit für diesen Prozess.
Durchlauft noch einmal alle Stationen
und erfahrt dabei,
wie ihr euch im Laufe eures Lebens
verändert und entwickelt habt.
...

Eigentlich seid ihr jetzt immer noch
der reine Geist wie vor eurer Geburt.
Ihr tragt jetzt immer noch
die Stärke und die Kraft,
die ihr vor eurer Geburt hattet,
in euch.
Alles ist noch da.
Ihr braucht euch nur damit zu verbinden.
Ihr braucht euch nur
dieser Kraft zuzuwenden und
schon könnt ihr sie dorthin lenken,
wo ihr sie braucht.
Was immer ihr erreichen wollt,
könnt ihr verwirklichen.
Nichts ist für diese Kraft
außerhalb ihres Blickfeldes.
Ihr könnt mit dieser Kraft gehen
oder euch gegen sie aufbäumen.
Ihr könnt mit ihr fließen
oder sie blockieren.
Ständig durchströmt euch Stärke,

Kraft und Energie.
Ständig pulsiert der Kosmos
in eurem Sein.
Lasst das zu.
Öffnet euch für diese Prozesse.
Öffnet euch für diese Kraft,
die in euch ist
und die euch durchströmt.

Ihr könnt vollkommen eins mit euch sein.
Ihr könnt vollkommen mit euch übereinstimmen.
Ihr könnt vollkommen mit euch in Frieden sein.
Ihr könnt in euch vollkommene Harmonie erfahren.

Mit diesen Worten beenden wir unsere Reise.
Spürt wieder in euren Körper hinein.
Verankert euch ganz in ihm.
Kommt in den Jetzt-Zustand.
Nehmt euren gesamten Körper wahr.
Es gibt nichts anderes zu tun,
als ihn wahrzunehmen
und wann immer es für euch an der Zeit ist,
dann kehrt in eurem eigenen Tempo
mit eurem Bewusstsein in diesen Raum zurück.

Lasst diese Übung in euch weiterwirken. Sie hat etwas in euch zutage gebracht. Lasst diesen Moment, diese Wichtigkeit nicht einfach an euch vorübergehen. Lasst heute abend die unterschiedlichen Stationen, die wir durchlaufen haben, noch einmal vor eurem inneren Auge vorbeiziehen und betrachtet sie, auch wenn ihr dabei Schmerzen erlebt haben solltet. Trotzdem können sie viel über euch, über eure Energie und wie ihr mit ihr umgegangen seid, sagen. Vermeidet nicht die schmerzhaften Erinnerungen, sondern lasst sie in eurem Herzen und in eurem Geist hochkommen. Betrachtet sie im Hinblick darauf, wie ihr eure Energie gelebt habt. Ihr könnt jetzt, an dem Punkt, an dem ihr steht, wichtige Zusammenhänge erkennen und zu einem Entschluss kommen. Ihr könnt aus der Vergangenheit lernen und neue wichtige Entscheidungen treffen.

Der göttliche Kern

Wir begrüßen euch und wir senden unsere ganze Liebe und unser ganzes Licht zu jeder einzelnen Person hier in diesem Raum.

Die kosmische Ur-Energie bahnt sich ihren Weg durch das gesamte Universum. Sie erfüllt das gesamte Universum und all seine Bewohner darin mit ihrer Kraft, mit ihrer Stärke, mit ihrer Potenz. Nichts im Universum ist für sie zu unwürdig, zu klein, zu nichtig. Alles wird von der Kraft, der Potenz, der Stärke der Ur-Energie erhalten. Sie fließt durch alles hindurch – durch jeden Planeten, jeden Stern, jede Sonne, jeden Menschen, jedes Tier, jede Pflanze, jeden Baum. Alles wird im Grunde von der Ur-Energie erschaffen und ist ein Teil von ihr. Alles wird von ihr genährt.

Ein so genannter erleuchteter Mensch oder Meister ist ein perfektes Instrument für diese Energie, denn sie kann alle Bereiche seines Seins ungehindert durchströmen. Er ist ein perfektes Medium für sie. In solch einem Menschen stößt die Ur-Energie auf keine Barriere oder Blockade. Sie strömt in ihn ein, aktiviert seine Zellen, reinigt seine Gefühle und Gedanken und bekräftigt seine Spiritualität. Die Ur-Energie fließt in ihn ein, berührt sein Potential und verlässt ihn auch wieder so frei, wie sie in ihn hineingeflossen ist. Ein vollkommen harmonischer Durchfluss der Energie findet in diesem Menschen statt. Sein Körper wird belebt und gestärkt, seine Emotionen sind frei. Unterscheidungen in gut und schlecht sind nicht vorhanden, sein Mentalkörper ist ausgerichtet auf das Höhere und seine Spiritualität ist seine perfekte Verbindung mit dem Göttlichen, ja sie ist in absoluter Übereinstimmung mit dem göttlichen Sein. Dieser Mensch erlebt in allen Bereichen seines Seins große Kraft. Er unterschätzt und er überschätzt seine Kraft nicht. Er ist in Harmonie mit ihr. Er ist in seiner Mitte und nichts kann ihn aus dieser Mitte hinauskatapultieren, gleichgültig was um ihn herum geschieht.

Meistens kommt es jedoch vor, dass die einfließende kosmische Ur-Energie vom Menschen selbst blockiert wird. Das kann auf allen vier Ebenen des menschlichen Seins stattfinden. Jeder Mensch hat sich sein eigenes Muster kreiert, wie er diese Energie aufnimmt oder behindert oder wie er den Zufluss sogar unterbricht. Die Aufnahme der Energie kann auf körperlicher Ebene blockiert werden, weil man seinen physischen Körper oder sein physisches Dasein auf der Erde nicht liebt. Man lehnt es ab und sieht es als niedrig oder nicht richtig und gut an. Es kann aber auch sein, dass nur bestimmte Teile des physischen Daseins abgelehnt werden, wie z.B. die Sexualität, was häufig vorkommt. Im emotionalen Bereich kann die Ur-Energie nur dazu hergenommen werden, bestimmten Gefühlen Kraft und Ausdruck zu verleihen, ansonsten wird ihr Einströmen unterbrochen oder blockiert, wenn sie Gefühle anregt oder hochholt, die als schlecht angesehen werden.

Auf diese Art entstehen die so genannten Verhaltensmuster. Diese Verhaltensmuster verhindern, dass die Energie frei durch euer Sein fließen und auch wieder hinausströmen kann.

Ihr haltet dann Energien in euch fest. Verhaltensmuster oder -mechanismen blockieren das harmonische Einströmen, aber auch das Ausströmen der Energie. Dadurch wird verhindert, dass ihr ein kraftvolles, aber vor allem ein freies Leben führen könnt, denn die Verhaltensmechanismen lassen euch immer wieder in den selben Bahnen kreisen. Das zeigt sich darin, dass ihr euch in ähnlichen Situationen immer auf die gleiche Art und Weise verhaltet und immer die gleichen Gefühle fühlt oder die gleichen Gedanken denkt. Somit seid ihr gefangen und nicht frei – ihr könnt euer Potential nicht ausschöpfen. Es ist also von großer Bedeutung, dass ihr euch darüber klar werdet, in welchen Bereichen ihr die einströmende Energie unterbrecht oder wann ihr wiederkehrende Verhaltensmechanismen an den Tag legt. Erst wenn euch ein Mechanismus bewusst wird und ihr erkennt, dass er euch unfrei und zu einem Roboter macht und wenn daraufhin in euch der Wunsch entsteht, frei sein zu wollen, dann könnt ihr ihn auch loslassen.

Ihr habt euch Mechanismen erschaffen, damit ihr eine gewisse Sicherheit im Leben erfahrt oder fühlt. Das hört sich jetzt vielleicht etwas verrückt an, aber die Mechanismen geben euch eine bestimmte Struktur. Ohne diese Mechanismen würdet ihr vollkommen frei und ungebunden sein und ihr könntet auf jede Situation des Lebens unvoreingenommen reagieren. Aber das hat euch zum Zeitpunkt der Erschaffung des Mechanismus Angst eingejagt. Deswegen musste durch Sicherheit und Struktur ein Rahmen erschaffen werden, in dem ihr euch vorstellen konntet, euch zu bewegen. Das andere erschien euch zu weit, zu groß, zu frei. Jeder Mensch, der einen Verhaltensmechanismus auflösen will, sollte sich genau überlegen, ob er ohne die Sicherheit, die ihm dieser Mechanismus gegeben hat, leben möchte, ob er stark und mutig genug ist, ohne diesen Mechanismus leben zu wollen und zu können. Viele Menschen, auch das klingt vielleicht in euren Ohren verrückt, wollen gar kein freies Leben führen. Sie möchten gebunden sein und bleiben. Viele Menschen möchten sich selbst nicht fühlen. Sie möchten nicht erkennen, wer sie sind und deswegen machen sie sich auch nicht auf die Suche nach sich selbst.

Alle Strukturen, alle Verhaltensmuster oder -mechanismen wurden aus einer gewissen Angst heraus erschaffen. Verhaltensmechanismen existieren auf der körperlichen, der emotionalen und der mentalen Ebene. Die spirituelle Ebene ist frei davon. Sie ist immer vollkommen frei. Sie ist euer göttlicher Kern. Die Art und Weise wie in der Vergangenheit mit den spirituellen Sehnsüchten des Menschen umgegangen wurde, war jedoch manipulativ, beengend und unfrei. Aber der spirituelle Körper oder die Seele des Menschen ist in ihrem Innersten vollkommen frei. Der göttliche Kern in euch kann nicht beschädigt werden. Er kann niemals unfrei sein. Er ist ein mit der Existenz in absoluter Harmonie schwingendes, pulsierendes Wesen. Ein Teil von euch ist somit permanent frei! Es lohnt sich, mit ihm in direkten Kontakt zu kommen, denn er kennt keine Angst. Dieser göttliche Kern kann immer frei bleiben und muss sich keine Strukturen erschaffen. Er fühlt sich in ständiger Verbindung mit der Existenz. Er weiß, dass er ein Teil des Ganzen ist. Gefühle der Ohnmacht, der Einsamkeit, der Abgetrenntheit sind für ihn nicht möglich.

Wenn ihr Sehnsucht nach diesem göttlichen Kern verspürt, dann nehmt Kontakt mit ihm auf. Macht euch auf den Weg zu ihm. Eigentlich ist es nicht richtig zu sagen: "Macht euch auf den Weg", denn er ist direkt in euch. Ihr müsst ihn nicht erreichen. Er ist nicht zu erreichen, denn er ist Teil eures

Wesens. Ihr habt euch nur irgendwann von ihm abgewandt. Früher oder später kommt für jeden Menschen der Zeitpunkt, sich wieder diesem göttlichen Kern zuzuwenden und sich ihm zu öffnen. Das bedeutet aber nicht, dass man sich vom irdischen Leben abwendet. Der göttliche Kern oder der göttliche Teil in euch liebt dieses Leben, liebt euer Dasein und er könnte euch in jeder Sekunde eures Seins zusätzlich zur kosmischen Energie unbändige Kraft und unbändigen Lebenswillen zuführen. Wie schon gesagt, alles könnte von euch gemeistert werden. Ihr seid so sehr eingebunden in das kosmische Dasein, dass für euch jederzeit Hilfe vorhanden ist. Ihr seid ein geliebter Teil der Existenz. In euch ist bereits alles vorhanden. Ihr meint, andere zu brauchen, von anderen oder von ihrer Liebe abhängig zu sein. Ihr erfahrt so oft einen Mangel. Sucht nicht im außen. Wartet nicht, bis ein anderer auf euch zutritt und euch Liebe schenkt. Entdeckt die Quelle der Liebe und der Kraft in euch selbst. Das ist der sichere Weg für die Auslöschung jedes Mangelgefühls, in welchem Bereich auch immer ein Mangel erlebt wird.

Jeder Schritt, den ihr macht, um eure Mechanismen zu erkennen und aufzulösen, wird von der Existenz registriert und anerkannt. Nichts, was ihr dafür tut, bleibt ohne Würdigung von der Existenz. Sie erkennt eure Mühen an. Sie sieht sie und sendet euch ständig Unterstützung und Hilfe, die in irgendeiner Form immer zu euch kommt. Alles ist da. Alles ist vorhanden. Es ist lediglich eine Sache, rezeptiver, offener, wachsamer zu werden und eure Augen und Herzen schrittweise zu öffnen.

Welches immer wiederkehrende Verhaltensmuster möchtet ihr loslassen? Was empfindet ihr als störend an euch oder welches Verhalten behindert euch? Überlegt es euch einmal. Wenn ihr etwas entdeckt und euch dafür entscheidet, ein bestimmtes Verhaltensmuster aufzulösen, dann ist es für euer inneres Wachstum enorm wichtig, dass ihr es ernst damit meint und euch darum bemüht, es in die Tat umzusetzen. Dabei werden immer wieder Prüfungen an euch herangetragen werden, durch die ihr zeigen müsst, dass ihr euch und euer Wachstum wichtig nehmt. Ihr müsst beweisen, dass ihr wirklich das Beste für euch tun und Energie für eure Entwicklung einsetzen wollt. Ihr solltet mit diesen Dingen nicht spielen und vorschnell Entscheidungen fällen, die ihr später doch nicht verwirklicht. Dadurch geschieht im negativen Sinne mehr, als ihr euch bisher vielleicht vorgestellt habt, denn ihr bringt euch in eine abwärts gerichtete Spirale. Ihr werft euch mehr zurück, als dass ihr vorwärts geht.

Wenn ihr euch also selbst innerlich etwas zusagt, dann ist es das gleiche, wie wenn ihr einem anderen Menschen ein Versprechen gebt. Der andere glaubt dann fest daran, dass ihr euer Versprechen einhaltet. Dasselbe trifft zu, wenn ihr euch selbst ein Versprechen gebt. Euer eigenes inneres Wesen glaubt ebenso fest daran, dass ihr es einhaltet. Es ist von großer Bedeutung, dass man sich dem eigenen Sein gegenüber respektvoll verhält.

Wir lieben euch und genauso wie wir euch lieben, könnt auch ihr euch lieben. Wir bringen euch Ehre und Respekt entgegen, einen Respekt und eine Ehre, die unendlich ist. Genauso könnt ihr euch selbst gegenüber verhalten.

Gut, es ist jetzt möglich, noch Fragen zu stellen. Wer möchte beginnen?

Ich möchte gern eine Frage stellen. Gestern habe ich gesagt, dass ich meiner Kraft nicht so recht vertraue und damit einen freien Energiefluss blockiere. Ich möchte wissen, ob sich das nur auf meine Partnerschaften bezieht. Was kann ich tun, damit ich dieses Muster loslassen kann?

Wir haben gesagt, dass Selbstzweifel an deiner Kraft nagt und dass ein Zusammenhang darin zu finden ist, einen gewissen Mangel erfahren zu haben, den du vor allem in der Partnerschaft auszugleichen versuchst. Dieses Muster der wiederkehrenden Selbstzweifel wirkt in mehrere Bereiche hinein, aber vor allem in deine Beziehungen zu anderen Menschen, die dir nahe sind. Die Lösung für dieses Problem liegt sehr stark in deinem Herzen. Die Wunde dort möchte geheilt werden. Um auf deine Frage also noch einmal einzugehen. Der Selbstzweifel wirkt sich auf mehrere Bereiche aus, aber hauptsächlich auf deine Beziehungen zu den Menschen, die dir am nächsten stehen. Der Mangel, den du erfahren hast, lässt es in bestimmten Situationen zu, dass du einen Rückzieher in Bezug auf deine Meinung, die du vorher für dich bereits als geklärt angesehen hast, machst. Der Zweifel nagt dann an dir. Das trifft zum Beispiel oft auf deine Beziehung mit deinem Kind zu.

Was du machen kannst ist, das Leck in deinem Herzen zu entdecken. Es ist eine Sache der Liebe für dich selbst. Die Heilung findet sich darin, den Mangel im Bereich der Liebe, den du erfahren hast, aufzulösen.

Soll ich in der Meditation in mein Herz gehen, um das zu erfahren und zu verstehen?

Zum Beispiel. Ja.

Wie komme ich an die Ursache meiner Angst, beziehungsweise wie kann ich sie lösen und wie kann ich zum anderen das von euch angesprochene Verrücktsein mit meinem Partner leben?

Du willst also einen sicheren, klar vorgegebenen Weg zur Verrücktheit?

Genau.

Das geht nicht. Du brauchst nicht viel zu tun. Du weißt es. Du kennst es. Was du tun musst, ist dich einfach nur zu öffnen. Wir wissen, dass manchen dieser Satz schwer erscheint. Wie sollt ihr euch öffnen? Wie geht das? Aber es ist so einfach! Die Offenheit führt dich zu der Antwort. Die Offenheit führt dich zur Lösung. Zunächst brauchst du innerlich nur bereit zu sein, dich für diesen Teil deines Wesens, diese Verrücktheit, zu öffnen.

Du musst dich entscheiden. Entweder du vergräbst dich oder du bist lebendig. Entscheide dich. Entweder du stellst dich deinem wahren Wesen oder du vergräbst es im Keller und lebst ein Leben, das die Welt von dir erwartet, als ehrbare Bürgerin, als gute Mutter, als brave Ehefrau, wie auch immer. Es gibt so viele Rollen zu erfüllen. Die Gesellschaft bietet euch so viele Möglichkeiten an. Ihr könnt euch mit ihnen euer ganzes Leben emsig beschäftigen und werdet dabei niemals entdecken, wer ihr wirklich seid, was euch ausmacht, was euch auszeichnet oder worin eure ganz besondere, einzigartige Schönheit liegt. Es ist die Entscheidung, als ein freier Mensch zu leben oder so zu leben, wie es andere von euch erwarten. Das war deine Angst. Ein Teil deines Potentials oder eine Fähigkeit von dir liegt in dieser Verrücktheit oder Lebendigkeit, aber sie ist mit Angst besetzt. Dort wo eure größten Ängste liegen, liegen sehr oft auch eure größten Fähigkeiten. Ist damit deine Frage beantwortet?

Kann ich das jetzt mit meinem Partner ausleben oder nicht?

Das musst du selbst herausfinden. Da gibt es keine Sicherheit. Du musst es versuchen.

Womit könnte ich beginnen, damit ich frei für den spirituellen Weg werde? Mir fehlt immer noch die Klarheit.

Beachte deine Bedürfnisse und Wünsche. Du hast den Wegweiser schon bekommen. Hör auf deine Sehnsüchte, deine Bedürfnisse und deine Wünsche und hör nicht nur auf sie, sondern gib ihnen auch einen Raum. Es wurde bereits zu dir gesagt, dass du dadurch klarer wirst. Die Verneinung deiner Bedürfnisse, Wünsche und Sehnsüchte werden dich immer verwirrt zurücklassen.

Probier es aus. Schaff dir Freiräume. Kreiere dir deinen Raum. Lass dich davon auch nicht wieder abbringen. Das ist dein Weg und deine Aufgabe, die du in diesem Leben noch zu erfüllen hast. Übe dich darin, zu dir selbst zu stehen und dir die Ehre und den Respekt zu geben, die du verdienst.

Könnt ihr mir sagen, auf was ich in der nächsten Zeit achten muss. Was ist wichtig für mich?

Eigentlich weißt du schon alles, was für dich in der nächsten Zeit wichtig ist. Vertraue in dich und glaube an dich. Du hast jetzt deine Kraft, eine tiefer liegende Kraft kennen gelernt. Wenn du mit dieser Kraft immer wieder Kontakt aufnimmst und sie dir bewusst machst, dann hast du eine große

Unterstützung und Hilfe für deinen Weg gefunden. Bau diese Art der Kontaktaufnahme mit deiner inneren Quelle weiter aus. Verfolge sie. Nimm regelmäßig Kontakt mit ihr auf und rufe dir diese Quelle der Kraft in dein Bewusstsein. Spüre sie und lade dich an ihr auf. Mehr brauchst du dann eigentlich gar nicht zu tun.

Ich habe das Gefühl, dass ich immer wieder die falschen Entscheidungen treffe, einfach das Falsche tue, obwohl ich es gar nicht will. Darunter leide ich und die mir nahe stehenden Menschen ebenfalls. Mir kam der Gedanke, dass das vielleicht mit meinem Karma zu tun hat. Ich möchte gern wissen, ob meine Einstellung völlig falsch ist oder ob es etwas mit meinem Karma auf sich hat und zwar speziell im Hinblick auf meine jetzige Inkarnation.

Das musst du näher erläutern. Meinst du, du musst für Vergangenes büßen? Das ist zwar etwas krass ausgedrückt, aber meinst du das im Endeffekt?

Hmm.

Es wäre wichtig, dass du in das Gefühl, das mit diesen Gedanken zusammenhängt, hineingehst. Dabei kannst du viel über dich und deine Vergangenheit, aber auch über deine Gegenwart erfahren. Woher kommt dieses Gefühl, für etwas büßen zu müssen? Warum ist es da? Du brauchst nicht zu denken, dass du es jetzt sofort ändern musst. Dieses Gefühl oder dieser Eindruck in dir ist eine Herausforderung, durch die du Wichtiges für dich erfahren kannst, wodurch du dann dein Hadern mit der Situation und mit deinem Leben besser verstehen kannst.

Mit dem Karma ist es ganz anders, als ihr glaubt. Karma wird häufig mit Bestrafung verbunden. Man meint, dass ein Mensch, der im letzten Leben andere Menschen schlecht behandelt oder verletzt hat, im kommenden oder gegenwärtigen Leben im Gegenzug von anderen verletzt wird. Auf diese Art läuft das meistens nicht ab. Ihr müsst nicht Buße tun. Um Altes wirklich auflösen zu können, müsst ihr in euer Inneres hineingehen und erkennen, was dort vorhanden ist. Ihr müsst es verstehen und akzeptieren. Dadurch wird Heilung eingeleitet.

Es ist also im Grunde gleichgültig, mit was du im Moment haderst. Tatsache ist, dass Hadern vorhanden ist. Hadern will erkannt und gesehen werden. In dieses Hadern kannst du eintauchen und durch es hindurchgehen. Dann kommst du auch zum Ursprung dessen, was dich antreibt. Du musst nicht büßen, um es in extremen Worten auszudrücken. Du brauchst nur zu erkennen und zu verstehen und dann kannst du loslassen. Loslassen, das ist deine Devise für die nächste Zeit. Loslassen von alten Bändern, die dich umgeben und umschlingen. Bänder aus der Vergangenheit. Bänder, die du selbst um dich gezogen hast. Bänder, die auch andere um dich gezogen haben. Freude möchte sich in dir ausbreiten dürfen. Lachen möchte sich in dir ausbreiten dürfen und letztendlich Liebe. Liebe möchte dich von deinem innersten Kern her erwärmen.

Ich habe mich trotz all meiner Ängste einem Mann geöffnet, auch körperlich, und habe zwischen uns die Liebe gefühlt und erfahren. Ich möchte wissen, was ich falsch gemacht habe oder was schief gelaufen ist, weil die Liebe nicht geblieben ist.

Gar nichts! Gar nichts ist falsch gelaufen. Was nur nicht stimmig war, waren deine Erwartungen. Du hast zu viel erwartet. Du wolltest den Moment ausweiten. Du konntest die Situation nicht klar erkennen und hast zu viele Erwartungen in sie hineingelegt. Es wird noch viele Gelegenheiten geben, in denen du dich öffnen kannst. Es gibt noch viele Menschen, die du lieben kannst, auch körperlich. Es gibt nicht nur den Einen. Es gibt viele Menschen, mit denen du dich in Liebe verbinden kannst. Es ist nichts schief gelaufen. Du hast nur die Situation falsch eingeschätzt und folgendermaßen interpretiert: Du öffnest dich und wirst verletzt! Aber das stimmt nicht. Du hast dich geöffnet, du hast Energie mit einem Menschen getauscht und dann ging es nicht weiter. Das ist nur schmerzhaft, wenn die Erwartungen groß sind. In der Situation war nichts Falsches. Es ist wichtig, dass du weißt, was du in einer Beziehung wirklich willst, wo du hinsteuern und was du teilen möchtest.

Wenn sich alles in dir dafür geöffnet hat, Liebe mit einem Partner zu erfahren, dann wird dir die Existenz diesen Menschen niemals verweigern und sie wird dir immer den Richtigen zuführen. Es ist gar nicht möglich, dass sich dann die zwei füreinander richtigen Menschen nicht finden würden. Die Existenz ist so großzügig und liebevoll, dass sich diese zwei Menschen unweigerlich anziehen und zueinander finden werden.

Finde also heraus, welche Einstellung du hinsichtlich einer Beziehung hast und was du mit einem Partner erleben möchtest. Lote dich innerlich aus, überprüfe dich noch einmal ganz genau. Schau in dich hinein, wo in dir Ängste vorhanden sind und ob dich noch etwas zurückhält eine Beziehung einzugehen. Lote dich innerlich aus. Überprüfe dich, ob du tief in dir bereit bist und dich danach sehnst, auf dieser

Erde mit einem Partner Liebe auf allen Ebenen des Seins zu teilen – körperlich, emotional, mental und spirituell. Schau in dir nach, ob es noch etwas gibt, was dich zurückhält und vielleicht die Männer für dich interessant macht, mit denen du Enttäuschung erleben würdest. Schau dir genau die Partner an, die dir bisher immer gefallen haben, mit denen du aber kein Glück, sondern Enttäuschung erlebt hast. Es ist wichtig, dass du genau überprüfst, ob dich innerlich noch etwas zurückhält, damit du einen Mann findest, auf den du dich einlassen kannst und der sich auch auf dich einlässt. Was löst es in dir aus, wenn du dir vorstellst, dass ein wirklicher Austausch zwischen dir und einem Partner möglich ist? Erforsche dich also.

Ich möchte gern wissen, welche Entwicklung mein spiritueller Weg haben kann und welche Aufgabe ich in Bezug auf meine Arbeit und die Menschen habe.

Deine spirituelle Weiterentwicklung ist sehr stark damit verknüpft, ob du dich für die Auseinandersetzung mit anderen Menschen öffnest. Es ist nicht immer möglich, nur mit dem Herzen durch diese Welt zu gehen. Oft sind auch noch andere Qualitäten wichtig. Dein nächster wichtiger Schritt in diesem Leben ist, vielleicht hört sich das verrückt für dich an, in die Konfrontation zu gehen und für dich und dein Wohlergehen zu kämpfen. Du hast das Kämpfen bisher immer abgelehnt. Vielleicht verstehst du das jetzt nicht sofort, aber nimm diesen Ratschlag einfach mit auf den Weg. In gewisser Weise musst du etwas irdischer oder erdiger werden, um dich kompletter und runder zu machen. Das ist für dich und deine Spiritualität ganz wichtig. Du bist solch ein feinfühliger Mensch und du kannst und musst lernen, mit dieser

Feinfühligkeit in der Welt zurechtzukommen. Du musst lernen, mit dieser Feinfühligkeit erhobenen Hauptes durch die Welt zu gehen und für eine Konfrontation bereit zu sein oder im Notfall sogar, wenn es sein muss, für einen Kampf.

Ist es meine Aufgabe, die Seelen oder Geister, die ich auf dem Platz vor unserem Haus wahrnehme, ins Licht zu begleiten? Ist es für mich eine Aufgabe, dies in Zukunft zu machen?

Nein. Deine Aufgabe in der Zukunft ist, dich ins Licht zu führen, dich ins Licht zu stellen. Es ist deine Aufgabe, alles dafür zu tun, dass du erst einmal wieder gesund wirst, innerlich weiterkommst und frei wirst. Kein anderer sollte wichtiger sein als du.

Aber ich merke, dass dort Seelen sind. Das beschäftigt mich sehr. Wie gehe ich damit um?

Verliere das Interesse an ihnen. Gib ihnen keine Beachtung. Dein Blick kann ganz nach innen auf dich gerichtet sein. Dann verlieren sie auch das Interesse an dir.

Ihr habt davon gesprochen, dass für uns alles möglich oder realisierbar ist, was wir uns wünschen. Ich weiß, dass das richtig ist, aber im alltäglichen Leben erfahre ich laufend materielle Begrenzungen und ich fühle mich oft abhängig von äußeren Umständen. Ich erlebe mich dann nicht als Meister meines Lebens. Mache ich etwas falsch? Sehe ich etwas grundsätzlich nicht richtig? Was kann ich tun, damit sich das ändert?

Die Frage ist die: Willst du Meister deines Lebens sein? Wenn ja, dann musst du es gestalten und aktiv in die Hände nehmen. So lange du dich nicht als Meister deines Lebens fühlst, hast du innerlich oder äußerlich oder auf beiden Seiten etwas noch nicht erkannt oder getan, was aber von dir erkannt oder getan werden muss. Vielleicht hast du noch nicht genügend geklärt, was du wirklich willst. Vielleicht nimmst du deine Wünsche nicht ernst genug. Vielleicht meinst du, dass dein Wohlbefinden nicht wichtig ist und verhinderst dadurch, dass du dich in der materiellen Welt im Zusammensein mit anderen Menschen durchsetzen musst. Du hast dich bisher in der materiellen Welt mit anderen zu wenig durchgesetzt. Das möchte ausgeglichen werden.

Die äußere Welt spiegelt dir das. Wenn du nicht klar definierst, was du willst und brauchst, wirst du von äußeren Umständen oder von gesellschaftlichen Ereignissen überrollt und du fühlst dich von ihnen abhängig. Du bist dann der Spielball der Welt. Wenn du das ändern willst, musst du dich und dein Leben schätzen und zwar mehr schätzen als bisher. Du musst deine emotionale Kraft stärker werden lassen und es erlauben, dass du sie für dich einsetzt. Du musst deine mentale Kraft stärker werden lassen und zulassen, dass sie für dich Lösungen findet, damit du dich als Meister deines Lebens siehst.

Natürlich lebst du im Spannungsfeld einer Gruppe von Menschen, eines Landes, eines Staates. Du bist nicht losgelöst von der Gemeinschaft der Menschen. Du musst dich immer und überall ihren Regeln unterwerfen. Du kannst z.B. mit dem Auto nicht 200 km/h fahren, dort wo nur 50 km/h erlaubt sind. Du wirst immer von äußeren Vorschriften und Regeln umgeben sein und viele haben ja sogar einen Sinn. Aber ob du dich gefangen, abhängig und begrenzt fühlst, ist eine ganz andere Sache. Wenn du dir bisher noch keine materiellen Umstände kreiert hast, die dir gefallen, dann musst du dir überlegen, was du noch tun kannst oder musst, damit sich das ändert. Liegt es an einer inneren negativen Einstellung? Liegt es an einem äußeren Versäumnis? Was hast du bisher verhindert? War es dir nicht wichtig, dass du dich als Meister, als Gestalter deines Lebens fühlen konntest? Waren dir andere Dinge wichtiger und erlebst du nun, dass du das zu lange vernachlässigt hast? Das sind viele Fragen, die es zu klären gilt. Stell dich ihnen und beantworte sie.

So lange du dich als Opfer äußerer Umstände fühlst, kannst du nicht der Meister deines Lebens sein. Am Anfang der Veränderung steht also, dass du deine innere Einstellung überprüfst. Ein Opfer fühlt sich schwach. Es meint, zu wenig Kraft zu haben, um für sich einstehen zu können. Es vertraut seiner Kraft nicht. Es wird seine Kraft nicht spüren, so lange es weiter denkt und fühlt, dass es ein Opfer ist. Diese Gedanken und Gefühle halten das Opfer im kraftlosen Zustand. Es ist gelähmt im Kreislauf des Opferdenkens. Ein Opfer gestaltet nicht und kreiert nicht. Für das Opfer muss alles geschehen! Wenn das nicht eintritt, was es sich wünscht, leidet es. Von außen sieht es vielleicht aus, als ob es sein "Schicksal" annimmt, aber tief in sich hadert es damit. Es hadert mit sich und der Welt, weil es nicht das bekommt, was es will! Das Opfer muss also heraus aus dem passiven Zustand und versuchen zu gestalten und aktiv zu sein, damit es seine Kraft fühlt. Es muss Lethargie, Angst und ein mangelndes Selbstbewusstsein überwinden. Es muss lernen, sich durch innere und äußere Widerstände hindurchzubeißen. Es muss bereit sein, zu bestimmen und zu sagen, was es braucht und will und das auch wieder innerlich und äußerlich. Und es muss erkennen, dass es dazu ein Recht hat, dass es das darf.

Ein Opfer meint, dass es nicht genügend Kraft hat, die äußeren Umstände mitzugestalten! Aber ist das wirklich so? Jeder, der das denkt, muss das überprüfen. Wie stark ist der Wunsch und der Wille jedes Einzelnen, die äußeren Umstände seines Lebens aktiv und kreativ zu formen. Wie stark setzt jeder Einzelne seine Kraft ein und wie schnell gibt er wieder auf? Das sind wichtige Fragen und es lohnt sich, sie zu beantworten, denn sie sind eng damit verbunden, ob ein Mensch Glück, Stärke und Energie erfährt. Ein Opfer kann nicht glücklich sein und werden, denn es lässt seine Kraft nicht fließen. Erst wenn es das tut und zu einem aktiven Gestalter seines Lebens wird, findet es Freude und Glück und fühlt das pulsierende Leben in seinen Adern. Angst und der Glaube, schwach und ausgeliefert zu sein, verhindern die Erfahrung eines kraftvollen Seins. Ihr könnt euch in diesem Kreislauf halten, aber ihr könnt euch auch daraus erheben, wenn ihr euch und euer Leben als wertvoll erachtet. Dann wird es möglich, dass ihr euch als Meister eures Lebens wahrnehmen, fühlen und täglich als ein solcher agieren könnt.

Wir haben jetzt alle Fragen beantwortet. Vergesst nicht, was ihr in diesen Tagen entdeckt habt. Bleibt dabei, euch weiter tiefer zu erforschen. Ihr alle seid es wert. In euch allen liegt solch ein Schatz, solch ein Diamant. Es war uns eine Freude, mit euch allen zu arbeiten. Es war uns eine Freude, euch an eure innere Quelle zu erinnern.

Noch einmal senden wir all unsere Liebe, all unser Licht zu jedem einzelnen von euch. Noch einmal tauchen wir euch alle in unser glückseliges Licht ein und umfassen euch mit unserer unendlichen Liebe. Alte Freunde haben sich getroffen. Alte Freunde waren zusammen und haben sich ausgetauscht. Wir verabschieden uns. Bis zum nächsten Mal.

Seminar mit Jesus zum Thema:

Die Formen der Liebe

Sich den tiefsten Wunsch erfüllen

Große Freude, großes Licht, große Liebe! Freude schwingt in mir, weil ihr heute hier versammelt seid. Geliebte Freunde, ich begrüße euch. Jeder Einzelne hier ist erwünscht und wird freudig begrüßt. Zwischen mir und jedem von euch besteht eine einzigartige Beziehung. Wir kennen uns schon lange und heute, heute sitzen wir wie einst vor langer Zeit zusammen.

Ich werde an diesem Wochenende mit euch über die Liebe und über euer Streben nach dem Göttlichen sprechen. Mit meiner Hilfe wird es für euch möglich, eure Verbindung zu eurem göttlichen Kern, zu eurem eigenen inneren strahlenden, funkelnden Stern zu verstärken. Es wird für euch möglich, diese Verbindung zu bestärken, so dass ihr euch bewusster über euer eigentliches Streben werdet. Der Mensch wird oft durch äußere Ereignisse abgelenkt und er vergisst darüber, warum er auf die Erde gekommen ist, warum ihn das irdische Dasein wieder angezogen und er eine erneute Inkarnation gewählt hat. Jeder von euch hat einen ganz bestimmten tiefen Wunsch, der nichts Egoistisches beinhaltet, sondern der vom Göttlichen getragen ist. Das Göttliche funkelt in diesem Wunsch. Vielleicht könnt ihr euren eigenen ganz individuellen Wunsch jetzt erkennen. Vielleicht kennt ihr ihn ja sogar schon. Ein Streben nach einer höheren Form der Existenz und der Liebe oder nach einer größeren weiteren Übersicht über das Leben ist in jedem von euch. Dies ist wichtig zu erkennen. Das Leben wird schöner, wenn ihr wisst, wonach ihr euch tief in eurem Sein wirklich sehnt. Euer Sein kann sich dadurch weit ausdehnen und ihr werdet Freiheit fühlen, auch wenn äußere Gegebenheiten beengend erscheinen. Jeder von euch fühlt sich durch bestimmte Umstände oder Gegebenheiten im Inneren oder Äußeren eingeengt oder begrenzt. Jeder hat einen Grund oder könnte auf Anhieb etwas sagen, was ihn unfrei macht oder wodurch er sich begrenzt fühlt. Wahre Freiheit ist, wenn man weiß, wer oder was man wirklich ist, wonach und wohin man strebt. Damit meine ich nicht äußere materielle Ziele, sondern innere Vorgänge.

Ich war und bin ein Freund der Menschen. Ich kann euch bei euren Erfahrungen und Sehnsüchten unterstützen. Ich kann euch dabei helfen, sie zu erfüllen. Nehmt euch jetzt bewusst wahr. Fühlt euch. Spürt euch. Welches ist das stärkste Gefühl in diesem Moment? Die nächste Frage an euch ist: Was ist euer momentan tiefster Wunsch?

Ich habe immer Menschen angeleitet, damit sie sich intensiver erkennen, wahrnehmen und fühlen können. Ich war ein Erforscher des Inneren – meiner eigenen inneren Welt und ich habe andere darin unterstützt, in ihre innere Welt voller Freude und ohne Angst, ohne Beurteilung, ohne Begrenzung einzutauchen. Was ist also euer momentan tiefster Wunsch? Schaut einmal!

Nehmt dann diesen Wunsch in euer Herz und durchflutet ihn mit Liebe. Sagt zu euch selbst: "Voller Liebe werde ich mir diesen tiefsten Wunsch erfüllen. Ich begebe mich aus

Liebe für mich selbst auf den Weg, damit ich mir diesen Wunsch erfüllen kann."

Wenn ihr dazu bereit seid, euch eure tiefsten Wünsche zu erfüllen, werdet ihr innerlich wachsen. Versagt oder untersagt ihr euch diese Wünsche, dann haltet ihr eure Energie zurück und verhindert, dass ihr harmonisch einen Schritt nach dem anderen auf dem Weg zu eurem göttlichen Sein machen könnt. In eurem äußeren Leben spiegelt oder zeigt sich das immer. Somit ist euer äußeres Leben dadurch entweder ein endloses Abenteuer oder aber eine schwere Last und eine Abfolge von nicht enden wollenden Pflichten.

Wir haben uns heute hier versammelt, um bestimmte Dinge und Bereiche zu erfahren und zu erforschen. Lasst meine Worte einfach auf euch einwirken. Gleichzeitig fließt in diesen Raum zu jedem einzelnen von euch Energie. Ihr könnt sie aufnehmen und zu eurem Nutzen einsetzen. Diese Energie kann euren tiefsten Wunsch stärken.

Ich erwarte von euch nichts. Ihr seid hier vollkommen frei. Ihr könnt sein, wie ihr wollt. Von meiner Seite aus gesehen, seid ihr alle freie Wesen. Ihr glaubt nur, dass ihr nicht frei und abhängig von bestimmten Umständen oder manchen Situationen ausgeliefert seid.

Aus meiner Sicht seid ihr alle machtvolle Wesen. Wenn ihr diesen Satz zum Beispiel auf euch wirken und in euch einfließen lasst, wird der Teil von euch, der sich machtvoll und kraftvoll fühlt, unterstützt. Dieser Teil richtet sich auf, er beginnt zu pulsieren und er wird erfüllt mit einer Energie, die unendlich, unerschöpflich, stark, kraftvoll und funkelnd ist.

Stellt euch vor, dass in der Mitte eures Kreises eine Energiesonne ist, von der ein Strahl zu jedem einzelnen von euch geht und zwar dorthin, wo die meiste Energie gebraucht wird. Lasst den Strahl der Energiesonne wie von selbst in die Stelle einfließen, an der ihr am meisten Energie braucht. Das kann das Solarplexus-Chakra sein, damit ihr euch besser durchsetzen könnt. Das kann das Herz-Chakra sein, damit ihr die Liebe tiefer erfahren könnt. Das kann das Hals-Chakra sein, damit ihr euch besser ausdrücken könnt. Das kann das Dritte Auge sein, damit ein klarer Überblick für euch möglich wird. Das kann das erste oder zweite Chakra sein, damit ihr körperlich gesund und stark durchs Leben gehen könnt. Nehmt die Energie auf. Lasst so viel in euch einfließen, wie ihr braucht. Ladet euch auf mit Energie, tankt auf in der Stille dieses Zusammenseins.

Ich möchte euch an diesem Wochenende aber auch die Möglichkeit eröffnen, Fragen an mich zu richten. Ich möchte euch ganz zur Verfügung stehen und ihr könnt alles fragen, was ihr wollt, selbst wenn es nicht zum Thema zu passen scheint, über das ich jeweils gesprochen habe. An diesem Wochenende sollen alle eure Fragen, die ihr an mich habt, gestellt und beantwortet werden. Wenn also jemand etwas fragen möchte, so könnt ihr jetzt damit beginnen.

Ich möchte dich fragen, ob ich zu der Zeit deines Lebens als Jesus auch gelebt habe und wenn ja, welche Rolle ich da hatte.

Du warst in dem damaligen Leben wie auch heute eine Frau, eine Schülerin, die zu den großen Treffen und Versammlungen kam und meine Worte mit staunenden Augen in sich aufsaugte.

Habe ich deswegen so viele Probleme mit den Dogmen der heutigen Kirche?

Natürlich. Jeder Mensch, der mich damals erlebt hat und mir nahe war, kann nicht vergessen, wie ich wirklich war, obwohl lange Zeit vergangen ist. Die Erinnerung an mich konnte nicht vergessen werden, selbst nicht unter größter Anstrengung. Ich war so ganz anders als das, was aus mir gemacht wurde. Ich habe quasi fast nichts damit zu tun. Die Menschen, die mich direkt erlebt haben, haben die Erinnerung in ihren Zellen gespeichert. Somit entsteht natürlicherweise ein Konflikt mit dem, was aus mir gemacht wurde und welche Institutionen aufgebaut wurden.

Ich wollte keine Institutionen. Daran war ich nie interessiert. Institutionen oder Religionen sind nie flexibel. Sie weigern sich alle gegen Veränderung und Erneuerung. Sie machen den Menschen in gewisser Weise mehr oder weniger immer unfrei, bis sie letztendlich zu einem Gefängnis werden. Die Begegnung mit mir ist in dir als Erinnerung gespeichert. Wenn du willst, weißt und fühlst du genau, wie es war. Du kannst die Situation jederzeit abrufen. Du weißt, wie lebendig die Erde plötzlich wurde und wie die Luft im gleißenden Sonnenlicht vibrierte. Du kannst dich erinnern, welch eine Erneuerung meine Worte waren und wie die Menschen erschüttert wurden von dem, was ich sagte und ausstrahlte.

Das konnte und kann keiner vergessen. Deswegen gibt es Konflikte mit dem jetzigen Jesus, so wie er von der Religion, vom Christentum, verkündet wird. Du fühlst dich angesprochen vom Lebendigen und auch damals hast du dich angesprochen gefühlt vom vibrierenden Sein meiner Person. Ich brachte alte Gebäude zum Einstürzen, obwohl ich nie zerstören wollte, aber das, was nicht stimmig war, kristallisierte sich durch meine Worte heraus. Das ist ein Kennzeichen meiner Energie gewesen und ist es immer noch.

Warum ist in in mir der Wunsch und die Suche nach "dieser einen Frau" oder nach einer Seelenpartnerin so groß und wichtig?

Du suchst die Liebe noch im außen. Die Liebe ist zwar in dir, aber du suchst nach der Erwiderung der Liebe. Du bist ein Mensch, der die Liebe als Lehrmeister hat und deswegen zählen für dich andere Regeln. Im Moment durchläufst du, und das ist wichtig für dich zu wissen, eine innere Reinigung. Die vielen Gefühle, die in dir vorhanden sind, drängen nach außen. Es ist wichtig, dass du diese unterschiedlichen Gefühle zulässt und nicht versuchst, diesen Prozess beschleunigen und möglichst schnell beenden zu wollen. Den einen Teil der Liebe, den du immer ausgeschlossen hast, musst du dir selbst geben, ja, kannst nur du dir selbst erfüllen. Du musst dir selbst Liebe geben! Du musst deinem Sein Liebe geben! Dann kann die Liebe auch durch eine andere Person, durch eine Frau zu dir kommen. Du bist kein Mensch, der einfach so eine Beziehung haben kann. Du wirst so lange suchen und leiden, bis du erkannt hast, dass du etwas im außen gesucht hast, was du für dich im Inneren aktivieren musst. Das ist dein Weg und deine Aufgabe. Damit kannst du hadern und sagen: "Ich will aber die Frau, die mir die Liebe gibt."

Einen Teil der Liebe hast du immer ausgeschlossen. Du warst bereit, nach außen zu geben, anderen sogar alles zu geben. Dabei hast du dich selbst aufgegeben und vergessen. Das darf nicht sein. Du leidest, weil du nicht vollkommen erkennst, dass du es wert bist, geliebt zu werden, ja dass du es bereits jeden Tag dieses Lebens wert warst. Aber dein Blick war und ist mehr auf Geben gerichtet als auf Nehmen. Geben ist immer aktiv. Du warst in der Liebe der Aktive. Du warst der Aktive darin, emotional der Gebende zu sein. Eine neue weitere Erfahrung kann nun möglich werden. Du brauchst die Rolle des Gebenden zwar nicht aufzugeben, aber du musst sie auch nicht mehr dominant verkörpern. Du solltest es zulassen, auch einmal der Nehmende zu sein. Nehmen ist für manche Menschen schwieriger als geben.

Damit beginnt wirklich etwas ganz Neues für dich und zwar eine Erweiterung. Dein Blick, der in bezug auf die Liebe nach außen gerichtet war, sollte sich jetzt nach innen richten wie bei einer Frau, die schwanger ist, die in sich ruht, wartet und fühlt, wie etwas in ihr wachsen will.

Kannst du mir bitte sagen, wie ich den Traum, in dem du vorkamst, verstehen soll?

Du hast öfters von mir geträumt oder anders ausgedrückt, meine Energie war für dich in Träumen präsent. Welchen Traum meinst du?

Wir waren bei mir zu Hause im Gespräch miteinander. Dir ging es nicht gut, du warst krank und musstest dich hinlegen und ich habe dich gepflegt.

Wir hatten eine gute, innige Verbindung. Dieser Traum symbolisiert den mütterlichen, den gebenden, den für andere sorgenden Teil in dir. Dieser Teil ist ein starker Wesenszug von dir. Du bist bereit, für andere da zu sein, anderen etwas zu geben, wenn sie Hilfe brauchen. Auch damals hast du oft auf deine Art Hilfe gegeben. Die Verbindung der Liebe ist stark.

Ich habe in der letzten Zeit so viele neue Erkenntnisse gehabt. Warum fällt es mir so schwer, sie im Zusammensein mit anderen auszudrücken und zu vertreten?

Die Ursache kennst du und du spürst sie auch, aber du hast sie dir noch nicht bewusst gemacht. Sie ist dir jedoch bekannt. Wohin hast du während unserer Übung den Strahl der Energiesonne in der Mitte unseres Kreises fließen lassen?

In das Hals-Chakra.

Das nächste Mal lass den Strahl auch in deinen Solarplexus fließen als Unterstützung und Voraussetzung dafür, dass du über das Hals-Chakra das ausdrücken kannst, was du sagen willst. Es ist die Angst vor den Menschen, vor ihrer Grobheit, die dir Schwierigkeiten macht, klar auszudrücken, was dir als Erkenntnis gekommen ist. Am Anfang steht die Erkenntnis, die im Inneren des Menschen stattfindet. Darin liegt noch keine Gefahr, von außen angreifbar zu sein, denn die Erkenntnis kommt im eigenen Inneren hoch und hat nichts mit den anderen zu tun. Wann immer sich eine neue Erkenntnis in einem Menschen entfaltet hat, möchte sie, und das ist ein Urbedürfnis, ausgesprochen werden und ans Tageslicht kommen und sich im alltäglichen Leben verkörpern. Besteht in einem Menschen Angst vor möglichen Reaktionen anderer durch das Aussprechen der eigenen Erkenntnisse, dann hat er Schwierigkeiten damit, das zu vertreten, was sich eigentlich ja schon längst im Inneren manifestiert und etabliert hat. Das erzeugt Unruhe in einem Menschen. Etwas hat sich vollzogen, ein Prozess hat im Inneren stattgefunden, der nun nach außen fließen, ausgesprochen werden und sich zeigen will.

Und woher kommt meine Angst?

Die Ursache ist, dass du deine Energie in diesem Leben schon immer sehr zurückgehalten hast. Du hast zu wenig dafür getan, dass du stark nach außen auftrittst in dem Sinne, dass du zeigst, wer du bist, auch wenn das Schwierigkeiten nach sich zieht. Du wolltest mit den Menschen in Frieden leben und hast es in Kauf genommen, dich um des Friedens willen zurückzuhalten. Du bist somit Kompromisse zu deinen Ungunsten eingegangen. Du hast dich nicht gestählt, sondern hast das eher vermieden. Durch deine Zurückhaltung hast du dich geschwächt. Du hast Konflikte vermieden. Du warst konfliktscheu. Es ist also eine Aufgabe für dich, die Energie in deinem Sonnengeflecht zu deinem Nutzen zu stärken und dich nicht mehr zugunsten des so genannten Friedens zurückzuhalten.

Du solltest eine Entscheidung treffen und sagen: "Ich stehe zu meinen Einsichten und meinen Erfahrungen, auch wenn ich im Extremfall Menschen verlieren sollte, die ich meine Freunde nannte, so lange ich mich zurückgehalten und nach ihren Wünschen agiert habe."

Es ist die Angst vor der Auseinandersetzung, vor dem Widerstand anderer, die jeder hier kennt. Die Angst sich zu zeigen und auszusprechen, was man denkt, fühlt und für richtig hält.

Was für dich wichtig ist, kann einem anderen Menschen völlig widersinnig erscheinen. Woran hälst du dich dann? Du musst das tun, was für dich wichtig ist. Es ist die grundlegende Entscheidung, ganz individuell zu werden. Das heißt nicht, egoistisch zu sein! Individuell werden zu können, setzt jedoch voraus, dass du erforschst und entdeckst, wer du bist, dass du ausdrückst, was du fühlst und denkst und dass du den Mut entwickelst, das umsetzen zu können. Die Angst muss also überwunden werden.

Wenn wir wieder unsere Übung machen, dann lass von der Energiesonne einen goldenen Strahl in deinen Solarplexus fließen, denn das macht dich stark und gibt dir die Kraft zu sagen und auszudrücken, wer du bist.

Welches Chakra bedarf meiner Aufmerksamkeit?

Ich frage dich: Wo stehst du innerlich im Moment? Empfindest du dich tief in deinem Inneren als ein wertvolles Wesen?

Ja.

Vertrauen ist vonnöten. Vertrauen darin, dass du wertvoll bist, wichtig bist, richtig bist. Du hast dir ein äußeres Verhalten angeeignet, das dich relativ stark, wichtig, witzig und kraftvoll erscheinen lässt. Im Inneren hast du jedoch Bedenken und Zweifel über dich. Die Lösung klingt ganz einfach und ist doch so schwierig. Die Lösung ist: Liebe dich, liebe dich so, wie du jetzt mit allem Drum und Dran bist – mit den lichtvollen und den schattigen Seiten, mit allem. Nur dann entsteht die tiefe Zufriedenheit in dir, nach der du dich sehnst und die du anstrebst, die du aber auch oft umgehst und vermeidest.

Das alltägliche Leben erfordert aber so viel Kraft und ist so anstrengend und lenkt alle Aufmerksamkeit auf sich.

Sehr vieles, und das habe ich ja schon zu Beginn gesagt, ist im außen vorhanden, das euch ablenken kann. Was ist dann zu tun, wenn man sich nach etwas sehnt, das eigentlich ganz ruhig und still ist und das nur zu finden ist, wenn man in sich ruht? Die äußere Ablenkung, die äußeren Störungen werden immer da sein – immer! Es ist, ja ich möchte es einmal so ausdrücken, deine Pflicht, weg vom äußeren Sturm hin zur inneren Stille zu gehen. Es ist deine Pflicht, diesen Weg weiter zu beschreiten, auch wenn es manchmal misslingt und du innerlich nicht ruhig wirst. Das ist egal.

Wichtig ist, dass ihr euch weiter bemüht, sogar wenn ihr oft oder fast jedesmal dabei scheitern solltet. Das ist in der inneren Welt eigentlich nicht von Bedeutung. Wichtig ist die Bemühung. Die Bemühung wird gesehen, wird anerkannt, wird geehrt und sie stählt euch, macht euch weit und stark. Sie kristallisiert euch. Nur wer sich wirklich bemüht und immer wieder aufsteht vom Sturz des Lebens, entwickelt sich zu einem wahren Sucher. Viele Menschen sagen: "Das ist zu beschwerlich, das geht nicht, ich habe keine Zeit."

Der innere Weg kann nur von einem Menschen gegangen werden, der sich mit der Zeit stählt und sich konstant bemüht. Dies ist wichtig, denn all die alten Verhaltensweisen, das ganze alte Denken basiert auf Gewohnheit. Ihr müsst nichts dafür tun, damit es einrastet. Die Gewohnheit läuft automatisch ab. Aber was macht ihr, wenn irgendwann ein Licht vor euch erstrahlt und euch einen ganz anderen Weg weist? Die Gewohnheit sagt: "Diesen Weg kann ich nicht beschreiten, das geht nicht, er ist zu beschwerlich, er ist zu gefährlich." Die Gewohnheit will euch von diesem Weg, an dessen Ende ein strahlendes, funkelndes Licht steht, abhalten.

Der spirituelle Weg ist nichts für Schwächlinge, wenn ich das einmal so ausdrücken darf. Er ist nur etwas für schon bis zu einem gewissen Punkt gereifte Menschen – für die Mutigen! Ohne Mut geht gar nichts auf dem spirituellen Weg mit dem funkelnden Licht. Das wird oft vergessen und verschleiert. Hierüber wird euch viel Honig um den Mund geschmiert. Aber hier in dieser Runde kann ich klare Worte sprechen. Der Mut und die Stärke wird sich jedoch mit der Zeit entwickeln. Natürlich werdet ihr öfters einmal schwach werden. Ihr werdet hinfallen und sagen: "Jetzt geht es nicht weiter, jetzt bin ich zu schwach, jetzt ist es mir zu viel, jetzt bin ich zu müde." Ihr könnt aber jederzeit wieder, nachdem ihr euch etwas ausgeruht habt, aufstehen und mit neuer Kraft und neuem Mut den nächsten Schritt wagen.

Wie schon gesagt, die Bemühung ist wichtig. Die Bemühung ist niemals umsonst, auch wenn sie nicht immer direkt zum Erfolg führt. Es muss oft so vieles an angestauten Gewohnheiten ausgeglichen werden, die man sich im Laufe seiner vielen Leben angeeignet hat. Die Gewohnheiten können groß sein und auch überwältigend erscheinen, so dass man denkt: Das schaffe ich nie!

Erinnert euch dann daran, wie ich euch sehe. Ich sehe euch als kraftvolle, mächtige Wesen. Erinnert euch daran, wenn ihr euch einmal nicht kraftvoll und machtvoll fühlt. Erinnert euch daran, dass ich an euch glaube. Vielleicht gibt euch das Kraft und hilft euch in einem Moment großer Schwäche.

Ich habe oft das Gefühl, dass ich gegen mich bin und gegen mich handle, beziehungsweise gegen mich lebe. Es ist so ein Gefühl, das Leben und die Liebe nicht richtig annehmen zu können. Kommt das eventuell aus einem Mangel an Selbstliebe?

Du hast dir eine gewisse Härte und Unnachgiebigkeit angeeignet, die dir einst wie ein sicherer Hafen erschien. Äußerlich hast du dich kantig und schroff gegeben, um anderen zu signalisieren: Kommt mir nicht zu nahe. Das hast du nach außen zu anderen und eigentlich genauso nach innen zu dir selbst signalisiert. Du hast dir das als eine Art Schutz angeeignet, damit du durchs Leben kommst. Das ist aber nicht dein wahres Wesen. Dieses Verhalten, diese Einstellung, diese Art, dein Leben zu leben, hast du verinnerlicht, aber es hat nichts mit deinem wahren Inneren zu tun, denn dein wahres Inneres ist eigentlich freundlich.

In dir ist ein Widerspruch, der dir immer mehr bewusst wird. Du fühlst, dass die einstige Rüstung eng wird, nicht mehr stimmig ist und nicht mehr zu dir passt. Du hast dich eigentlich aus dieser Rüstung herausentwickelt. Sie müsste auseinanderfallen, wegfallen, gesprengt oder geschmolzen werden von etwas Warmem, Freundlichen und Liebevollen. Das, was du ausdrückst, hast du dir als eine Art Schutz angeeignet, um möglichst gut und unversehrt durchs Leben zu gehen.

Jeder Mensch tut das. Jeder Mensch hat sein so genanntes Rüstzeug. Du wächst gerade aus diesem Rüstzeug heraus. Du fühlst, dass es nicht mehr passt. Du drückst aus, dass es an der Selbstliebe mangeln könnte. Natürlich hast du recht damit, aber es ist schwierig für einen Menschen, der relativ unnachgiebig und streng zu sich war, plötzlich fließend zu sein. Denn Liebe fließt!

Aber es ist möglich für dich. Fließend zu sein bedeutet, nicht mehr nur die Härte, die Unnachgiebigkeit, die Stärke, sondern auch all die anderen Gefühle zuzulassen.

Du hast mir jetzt in dieser Runde eigentlich schon viele Fragen beantwortet. Wenn ich in deinem Buch lese, dann sind mir sogar große Zusammenhänge vollkommen klar, aber im* *täglichen Leben erscheint mir immer wieder alles so unklar. Woran liegt das und was kann ich machen?*

Deine Unklarheit kommt daher, dass du dich im Zusammensein mit anderen nicht genügend definierst. Du nimmst von anderen sehr viel an und auf. Dabei vergisst du dich und wirst verwirrt. Du definierst dich zu wenig. Du sprichst zu wenig aus, was du willst, denkst und fühlst. Wenn du das probierst oder tun willst, kommen sofort Zweifel in dir hoch, denen du nachgibst. Zweifel darüber, ob etwas wirklich so ist, wie du es wahrnimmst. Du lässt zu viel Schwäche dir selbst gegenüber zu. In dir ist aber auch Stärke, die jedoch sehr oft durch die Zweifel angegriffen wird. Ein Kampf findet somit im Inneren statt. Auch du bist machtvoll und vollkommen, so wie jeder hier in diesem Raum. Ein Teil von dir lehnt das ab und sagt: "Es stimmt nicht, dass ich machtvoll bin. Das geht nicht. Ich kann nicht. Ich bin nichts. Ich bin zu klein, zu schwach."

Deine vielen Pflichten, die du im Alltag erledigen musst, sind nur eine Auswirkung von dieser Einstellung, denn deine gelebte Schwäche bewirkt, dass du von allen Seiten Aufgaben übernimmst, die oft gar nicht deine sind. Es fällt dir sehr schwer, dich abzugrenzen und zu sagen: "Nein, das geht zu weit, das raubt mir meine Energie, das liegt nicht in meinem Aufgabenfeld."

Du lässt zu viel mit dir durch andere geschehen. Das verwirrt dich. Das zerstört deine Kreise. Das zerfleddert deine Energie. Auch für dich ist es wichtig, in unserer Übung den Energiestrahl in deinen Solarplexus fließen zu lassen. Er

---

* Das Buch "Jesus – Für meine Freunde", von Regine Zopf ist im Archantaya Verlag unter der ISBN 3-937534-42-3 erschienen.

bekommt dadurch die Energie, die er immer verliert, wenn du es zulässt, dass du dich verwirrst.

Es ist nicht so, dass eine generelle Unklarheit in dir ist. Du sagst ja, wenn du meine Worte liest, siehst du alles ganz klar. Aber diese Klarheit verlierst du im Zusammensein mit anderen. Es hat also etwas mit dir und deinem Zusammensein mit den Menschen zu tun. Du müsstest dir einmal gestatten, öfters Nein zu Menschen zu sagen, die zu viel von dir verlangen und erwarten. Dann könntest du erfahren, dass das gar nicht schlimm ist und dass dadurch nichts Großartiges geschieht. Du könntest erkennen, dass du deswegen nicht böse bist oder nicht stirbst, sondern dass du nur deine Energie bei dir behälst und du sie somit nicht in alle Richtungen zerstreust.

Es ist auch für dich möglich, vollkommen in dir zu ruhen, bei dir zu bleiben, dich selbst zu fühlen und nicht nur die Erwartungen und egoistischen Wünsche von anderen zu erfüllen oder ihnen ausschließlich nachzukommen. In erster Linie solltest du nach dir schauen, bei dir bleiben und das tun, was für dich richtig und stimmig ist. Du kannst zwar zur Zufriedenheit aller deine Arbeit erledigen, aber alle anderen Dinge, die ein Zuviel für dich darstellen, musst du ablehnen und sagen: "Es ist wichtig für mich, dass ich lerne, mich abzugrenzen und dabei erkenne, dass das nicht böse oder egoistisch, sondern ganz natürlich ist."

Alle Fragen sind zunächst einmal beantwortet. Ich wünsche euch eine gute Erholungspause, damit wir energiereich fortfahren können.

Die Selbstliebe als Fundament

Wieder bin ich bei euch und sende euch meine Energie, mein Licht, meine Bewusstheit und mein Feuer der Liebe.

Lasst uns zunächst das gestrige Bild von der Energiesonne aufnehmen. Stellt euch vor, dass diese Sonne in der Mitte eurer Runde schwebt. Sie pulsiert vor Energie und Leben. Sie ist euer Kraftball und zu jedem einzelnen von euch kann ein Strahl fließen. Aktiviert diesen Strahl selbst. Fordert die Energiesonne auf, dass sie euch einen Strahl schickt. Dieser Strahl voll mit pulsierender Energie fließt genau dorthin, wo ihr es am meisten benötigt. Bittet um diese Energie. Bittet darum und ihr werdet sie zur Unterstützung bekommen und sie wird genau dorthin fließen, wo ihr sie am meisten benötigt. Wenn ihr keine Energie braucht oder wollt, dann bleibt die Energie in der Sonne. Während ich spreche, könnt ihr dieses Bild zwischendurch immer wieder einmal visualisieren und abrufen – das Bild von der vibrierenden Energiesonne und dem Strahl, der direkt zu euch fließt.

Ich möchte heute über die Selbstliebe sprechen. Die Liebe zu sich selbst wird sehr oft missverstanden. Dabei ist sie solch ein wichtiges Element der Gesamtliebe. Die Selbstliebe ist wie das Fundament für die höchste, die göttliche Liebe. Ihr könnt die göttliche Liebe nicht empfangen, aufnehmen oder vollständig wahrnehmen, wenn ihr euch aus der Liebe ausschließt und es vermeidet, euch selbst von ihr durchfluten und durchströmen zu lassen. Die Nächstenliebe und alles, was zu ihr dazugehört, wie Partnerschaft oder aufopferungsvolles Dasein für andere, hat einen hohen Stellenwert in eurer Gesellschaft. Die Selbstliebe führt ein Schattendasein und es wird grundsätzlich nicht verstanden, was sie wirklich bedeutet.

Selbstliebe wird oft mit einem egoistischen Menschen gleichgestellt. Doch das ist ein falsches Bild. Die Selbstliebe ist wie das Fundament für alle Arten der Liebe. Für jeden einzelnen von euch bedeutet es etwas Anderes, wenn ihr euch selbst mehr lieben würdet. Jeder von euch muss etwas Anderes tun, wenn er ein Signal für die Bereitschaft zur Selbstliebe setzen möchte, denn jeder hat seine eigene Geschichte mit der Liebe. Die Selbstliebe ist damit verbunden, ob man sich wertschätzt und das eigene Dasein als wichtig und wertvoll empfindet. Einem Menschen, der sich grundsätzlich nicht als fundamental wertvoll empfindet, fällt es auch schwer, sich selbst zu lieben, denn er weiß gar nicht, was er an sich selbst lieben könnte. Er kann in sich nichts finden, denn er schätzt sich nicht wert.

Damit komme ich zu einem weiteren Punkt. Die meisten Menschen brauchen etwas ganz Bestimmtes, an sich selbst oder einem anderen, das sie lieben können oder liebenswert finden. Sie brauchen einen Grund dafür, damit sie Liebe zulassen und in sich fließen lassen können.

Ich sage euch, die Liebe unterscheidet nicht. Die Liebe muss nicht suchen, um etwas zu finden, wohin sie ihre Energie lenken kann. Die Liebe ist pures Sein. Deswegen heißt das erste Gesetz: Es gibt nichts Bestimmtes in oder an euch, das besonders wertvoll ist, um geliebt zu werden. Alles ist liebenswert!

Für die Liebe ist es weiterhin so, dass ihr nichts Besonderes leisten müsst, damit ihr es wert seid, geliebt zu werden. Ein Mensch, der euch liebt, nimmt euch so an, wie ihr seid. Ein Mensch, der euch liebt, sucht einfach eure Gegenwart. Er möchte mit euch ohne besonderen Grund zusammen sein und ohne dass ihr etwas Bestimmtes tun müsst. Er sucht einfach eure Nähe.

Das Gleiche gilt für die Selbstliebe. Ihr könnt euch lieben, einfach nur der Liebe wegen. Ihr könnt euch nur um eurer selbst wegen lieben. Alles in der Gesellschaft ist darauf ausgerichtet, was ein Mensch leistet und wie viel er dafür bekommt. Alles, was ihr tut, muss einen ganz bestimmten Zweck, einen Sinn, eine Bedeutung haben und immer muss bei allem genügend herauskommen, sonst lohnt es sich nicht, sonst ist es nicht wert, dass es getan wird. Das Leben erscheint den meisten Menschen als sinnlos, wenn sie nicht einen besonderen Zweck erfüllen oder nicht fähig sind, gewisse Leistungen zu vollbringen. Viele Menschen glauben, wenn sie einen Beruf ausüben, sich um andere Menschen kümmern oder irgend etwas in ihren Augen Sinnvolles tun, dann und nur dann dürfen oder können sie Liebe empfangen. Aber sie müssen etwas dafür tun. Sie müssen etwas tun, damit sie etwas empfangen können oder sogar dürfen. Mit der Liebe ist es aber eigentlich ganz anders. Die Liebe als Seinszustand ist ohne Bedingungen.

Was bedeutet bedingungslose Liebe für sich selbst? Was bedeutet es, bedingungslose Selbstliebe in sich zu tragen? Wie zeigt sich das? Wie spiegelt sich das im Leben wider? Bedingungslose Liebe sucht immer nach den besten Wegen und Möglichkeiten, nach den schönsten und harmonischsten

Gegebenheiten. Bedingungslose Liebe für sich selbst lässt einen z.B. einen Partner suchen, der auf gleicher Ebene schwingt. Bedingungslose Liebe für sich selbst gewährleistet, dass man den sanften Weg einschlägt. Bedingungslose Liebe für sich selbst beinhaltet, Mitgefühl für sich zu haben, wenn man einmal falsch gehandelt hat. Bedingungslose Liebe für sich selbst bewirkt, dass man sich bei einem Menschen entschuldigt, den man in einem Moment der Unbewusstheit verletzt hat. Bedingungslose Liebe für sich selbst sagt aber auch nein zu einem Menschen, der etwas erwartet, was man nicht geben kann. Bedingungslose Liebe für sich selbst kann nicht vom Kopf ausgehen. Ihr müsst es schon zulassen, in euer Herz hineinzurutschen. Oft versucht ihr das zu umgehen. Ihr kontrolliert euch. Ihr umgeht das Herz. Ihr erfindet alle möglichen Ausreden, warum ihr nicht in euer Herz gehen könnt. Jeder hat dafür seinen ganz eigenen Grund.

Die Selbstliebe ist immer das Fundament für alle Arten der Liebe. Wenn dieses Fundament nicht vorhanden ist, dann kann ein Mensch andere zwar lieben, aber seine Liebe steht auf wackligem Boden. Diese Liebe kann bewirken, dass ein Mensch zwar positive Dinge für andere tut, aber sein eigenes Selbst leidet darunter oder es wird sogar zerstört. Im Christentum hat sich mit der Zeit die aufopferungsvolle Nächstenliebe herauskristallisiert. Durch sie wurde vielen Menschen geholfen, aber es wurde auch vieles getan, was gar nichts mit Liebe zu tun hatte. Im Namen der aufopferungsvollen Nächstenliebe sind unzählige Missetaten begangen worden.

Wir müssen die Liebe immer ehrlich betrachten. Wir müssen sie im wahren, im reinen Licht sehen. Wie durch eine Lupe, die alles Unwahre verbrennt, müssen wir die Liebe betrachten, denn um sie ranken sich so viele Missverständnisse. Man könnte sagen, dass ich in meinem Leben als Jesus die aufopferungsvolle Liebe gelebt habe. Ich habe mich doch für euch aufgeopfert. Deswegen, so sagt es das Christentum, seid ihr jetzt alle schuldig. Ich habe mich aufgeopfert und ihr wart böse. Seht ihr, das sind die Fehler oder Missverständnisse, die durch die so genannte aufopferungsvolle Liebe entstehen können. Erwartungen können durch sie geweckt werden.

Meine Liebe, die ich damals gab, war zwar frei von Erwartungen, aber nicht ganz frei von Enttäuschung. Ich war oft traurig darüber, dass ich Menschen nicht dazu bewegen konnte, die Realität im richtigen Licht zu sehen. Da ich aber offen für alle Arten der Liebe war, konnte ich mich wieder auf eine höhere Ebene emporheben und alles im größeren Überblick sehen, frei von jeglicher Erwartung und Enttäuschung. Ich habe Liebe gegeben einfach nur um der Liebe willen, einfach nur, weil es solch eine große Freude war, Liebe zu fühlen. Bei diesem Erlebnis habe ich Liebe gegeben, aber ich war auch Teil der Liebe. Ihr dürft euch nicht aus der Liebe ausschließen, sondern ihr müsst euch immer einbeziehen. Ihr müsst ehrlich fragen: Was würde mir die Liebe raten, was müsste ich jetzt tun, wenn ich mich lieben würde? Auf diese Art lernt ihr, euch wirklich vollständig zu lieben.

Was also ist für euch in der kommenden Zeit wichtig? Was wäre für euch der nächste Akt der Liebe? Lasst euch auf diese Frage ein und beantwortet sie nicht vom Kopf aus. Lasst euren Verstand nicht zu sehr Kreise ziehen, sondern nehmt die Frage in euer Herz und lasst sie dort wirken. Stellt euch dabei vor, wie von der Energiesonne ein Strahl in euer Herz-Chakra zu dieser Frage fließt. Es sind oft die kleinen Dinge, die ihr für euch tun könnt und die die ersten Schritte in eine neue Richtung sind. Die kleinen Dinge des Lebens zeigen und spiegeln, dass ihr etwas netter zu euch seid, dass ihr bereit seid für eine liebevolle Lösung eines Problems oder für eine liebevolle Antwort auf eine Frage, die ihr euch bereits lange gestellt habt. Geht dorthin, wo Liebe stattfindet. Geht in euer Herz-Chakra, weg vom Kopf, vom Verstand, der natürlich über solche Fragen immer grübeln und nachdenken will.

Lasst es zu, dass es in eurem Herzen warm wird und ihr euch innerlich weich fühlt, ohne dass das eine große Bedeutung haben oder einen tiefen Sinn erfüllen muss, ohne dass ein großes Ziel erreicht wird, sondern einfach nur, weil das eine wunderbare Erfahrung ist. Fühlt einmal ausschließlich nur euch selbst. Fühlt euer Herz, ohne dass das einen tieferen Sinn oder eine besondere Bedeutung haben oder ohne dass ein Ziel erreicht werden muss.

Alles ist immer so bedeutungsschwanger, alles ist immer so zielgerichtet. Darüber hat der Mensch den Bezug zum wahren Sein des Lebens vergessen oder sogar verloren. Es kommt ganz selten vor, dass ihr einfach nur im Moment seid. Versucht es zu genießen, mit euch selbst in Ruhe verbunden und in Übereinstimmung zu sein. Nichts zu wollen, nichts zu erstreben, keinen Drang nach außen zu verspüren, nur in euch zu ruhen. Nur bei euch zu sein und es zuzulassen, ruhig zu werden. Es zuzulassen, dass sich alles beruhigt und die ständige Suche im außen aufhört. Versucht es einmal und wenn es nur für einen kurzen Moment ist.

Auf diese Art ist es möglich, das Leben zu genießen und das Sein auf der Erde erfüllend zu erleben. Über diese Erfüllung kommt automatisch die Verbindung mit allem, was auf einer höheren Ebene des Seins schwingt. Ihr verbindet euch mit Glück. Ihr verbindet euch mit dem Vogel. Ihr verbindet euch mit dem Himmel. Ihr verbindet euch mit dem Stern. Ihr erlebt Verbundenheit. Ihr seid verbunden mit der Existenz, mit Gott. Diese Verbindung ist ein Energiegeschehen. Gott ist keine Person. Er steht nicht da und schüttelt euch die Hand und sagt hallo. Und doch ist Gott überall. Er ist immer da, um euch herum. Wenn ihr euch aber nicht selbst liebt, könnt ihr das nicht wahrnehmen, nicht fühlen, nicht spüren, nicht hören und nicht sehen.

Deswegen ist es für euch alle hier in diesem Raum von großer Bedeutung, zuerst einmal zu wissen, wie wichtig die Selbstliebe ist, um sie dann umzusetzen, denn ihr alle sehnt euch nach etwas Höherem, nach etwas Göttlichem. Diese Sehnsucht könnt ihr euch aber nur erfüllen, wenn ihr euch innerlich für euch selbst in Liebe öffnet. Denn das Tor zur Existenz liegt im eigenen Herzen, im eigenen Sein. Die Selbstliebe lässt euch dieses Tor durchschreiten oder diese Tür öffnen.

Wir können jetzt mit den Fragen beginnen. Wer von euch möchte die erste Frage stellen?

Warum kann ich im Moment so schlecht mit anderen Menschen umgehen?

Weil du von anderen durch ihre Reaktionen auf dich und dein Wachstum verletzt und von ihrem selbstsüchtigen Handeln enttäuscht worden bist. Deswegen bist du einen Schritt zurückgetreten. Das ist auch gut so. Du musst zunächst einmal alles in dir ordnen und sortieren. Du musst herausfinden, welche Liebe, die von anderen kommt und so aussieht wie Liebe, wirkliche Liebe ist und welche nicht. Manche so genannte Liebe, die euch entgegengebracht wird, ist gar keine. Manches Verhalten oder Handeln hat sich nur den Mantel der Liebe umgehängt. Manches Handeln tituliert sich als Liebe und ist es doch nicht. Du musst lernen, das zu erkennen, ohne dich dabei zu verlieren. Im Moment ist es extrem wichtig, dass du dich stärkst, dich innerlich aufbaust und festigst. Du solltest dir überlegen, was du für dich tun kannst, wo deine Sehnsucht liegt und was direkt realisierbar, umsetzbar und erfüllbar ist. Wenn du dich stärkst, aufbaust und dir dadurch auch mehr und mehr vertrauen kannst, dann kannst du leichter erkennen, welche Liebe eine Pseudoliebe ist und welche nicht. Oft hört ihr: "Wir machen das für euch doch nur aus Liebe! Wir wollen nur das Beste für euch!" Dahinter stecken jedoch nur selbstsüchtige Interessen, egoistisches Handeln und eigennützige Wünsche.

Vor allem meine Eltern haben in letzter Zeit Druck auf mich ausgeübt und gemeint, dass ich einen falschen Weg eingeschlagen habe.

Deine Eltern möchten, dass du so bist, wie sie sind und dass du das tust in deinem Leben, was sie tun. Doch Eltern dürfen das von ihren Kindern nicht erwarten. Eltern sollten ihre Kinder in ihrem ureigensten Sein unterstützen, auch wenn es ihrem eigenen Sein fremd ist. Die Liebe der Eltern muss immer eine selbstlose Liebe sein. Warum sollte man sonst Kinder bekommen? Worin sollte der Sinn liegen, einem anderen Menschen das Leben zu schenken? Doch nur, um dieses Leben uneingeschränkt und selbstlos zu fördern. Das bedeutet nicht, dass die Eltern sich für das Kind aufopfern müssen, aber dass sie es in seinem Sein unterstützen. Die meisten Eltern möchten, dass ihre Kinder so sind und werden wie sie, dass ihre Kinder das tun, was sie tun und wenn sie anders sind, macht ihnen das Neue, das Fremde Angst. Sie versuchen dann sehr oft, das Kind in ihnen gewohnte, vertraute Bahnen zu lenken und zu leiten. Das ist eine Missachtung seines Seins, wenn das geschieht. Es hängt von dem

Kind ab, ob es das mit sich machen lässt oder nicht. Die innere Stärke des Kindes entscheidet darüber, ob es die Beschneidung des eigenen Seins zulässt oder nicht.

Das trifft auch auf dich zu. Erkenne das und geh deinen Weg. Finde deinen Weg, auch wenn du Fehler bei der Suche machst. Eventuelle Fehler gehören immer dazu. Was soll falsch daran sein, einen Fehler zu machen? Gesteh dir zu, einmal vielleicht sogar einen kleinen Irrweg zu gehen, aber das ist dann dein Irrweg und nicht der eines anderen.

Was ist Liebe für mich selbst? Ich kann die Liebe für die Natur, für das Universum, für meine Tochter, für alles fühlen, nur für mich selbst nicht wirklich uneingeschränkt. Diese Seite von meinem Leben ist schwierig, aber langsam ändert sich das zum Positiven und ich bin froh darüber. Ich habe aber Probleme mit meinem Partner. Sind meine Erwartungen ihm gegenüber zu groß oder mache ich etwas falsch? Ich würde gern wissen, warum ich immer schwierige Männer und Partnerschaften gehabt habe und oft verletzt wurde.

Ich fasse deine Frage zunächst zusammen. Du fühlst für vieles Liebe. Du fühlst Liebe für dein Kind, für das Universum und du hast auch Liebe für dich selbst entdeckt. Aber deine Beziehungen sind schwierig und du fragst, warum das so ist. Du hast jetzt zwar verstanden, dass die Selbstliebe enorm wichtig ist, aber du kannst sie noch mehr ausbauen und in dir freier fließen lassen. Dadurch wirst du schrittweise erkennen, warum immer wieder Spannungen zwischen dir und deinem Partner entstehen. Dass du dir in der Vergangenheit so schwierige Männer ausgesucht hast, hat etwas unmittelbar damit zu tun, wie du dich auf der Erde unter den Menschen fühlst und wahrnimmst. Für dich war, ist oder erscheint das physische Leben eher schwierig als leicht.

Was genau meinst du damit.

Das physische, irdische Dasein, das Zurechtfinden in der Welt mit all den Spannungen und Konflikten erscheint dir schwierig. Das zeigt deine Partnerwahl, denn du musst dich ständig mit komplizierten Partnern auseinandersetzen. Du möchtest lernen und es meistern, wie du dich mit solchen Personen und Konflikten auseinandersetzen kannst, ohne dich dabei aufzugeben oder zu verlieren. Das ist etwas, was du lernen willst und auch lernen musst. Die Liebe an und für sich macht dir keine Probleme. Sie ist dir vertraut. Spannungen und Konflikte kennst du ebenfalls, aber sie machen dir Angst. Deswegen die Angst vor der Welt mit all den Konflikten. Einerseits musst du lernen, mit für dich schwierigen Personen oder Situationen umzugehen und auf sie mit weniger Schmerz zu reagieren. Es ist ein Lernprozess, dich damit auseinanderzusetzen und zu konfrontieren. Auf der anderen Seite kann dann die Liebe in dir noch freier fließen und noch größer werden, wenn du das gelernt und diese Lektion durchlebt hast.

In mir kommen immer wieder negative Gefühle wie Wut und Groll hoch. Sie sind sehr stark und verbunden mit meiner letzten Beziehung. Obwohl ich verstehe, was damals zwischen mir und meiner Partnerin gelaufen ist, kommen diese Gefühle trotzdem immer wieder hoch. Ich denke, dass ich sie loslassen muss und nehme mir das auch vor, aber trotzdem habe ich sie noch. Was kann ich tun, damit sie sich auflösen? Könnt ihr dazu etwas sagen?

Ja, dazu können wir dir etwas sagen. Du kannst Gefühle nicht durch mentale Verarbeitung loslassen. Du kannst noch so viele Bemühungen in dieser Richtung einsetzen, aber dadurch löst sich der Groll und die Wut aus der Vergangenheit niemals ganz auf. Du bist an einem guten Punkt, denn du weißt und dir ist klar, dass das Gefühle sind, die du loslassen solltest. Du kannst nicht nur auf mentaler Ebene mit den Gefühlen arbeiten, sondern du musst direkt bei ihnen ansetzen. Das trifft auf euch alle zu. Man muss in Gefühle, die aus der Vergangenheit immer wieder emporsteigen und belastend sind, hineingehen und sie bewusst durchleben, damit sie sich auflösen. Es ist das einzige Mittel. Es gibt keine andere Möglichkeit. Ihr könnt Gefühle nicht durch den Geist loslassen. Gefühle müssen direkt im Emotionalkörper ausagiert und bis zum Ende durchlebt werden. Sie müssen sozusagen explodieren, damit sie aus euch heraus können.

Das Wichtige bei der Beantwortung deiner Frage ist: Du kannst dich geistig noch so sehr darum bemühen, die Gefühle der Vergangenheit aufzulösen, aber es wird auf diese Art nie bis ganz zum Schluss verwirklicht werden. Gefühle können nur endgültig im Emotionalkörper direkt aufgelöst werden. Das ist der erste Schritt. Wenn Gefühle der Wut oder des Grolls aus der Vergangenheit vorhanden sind und sich in euch weiterhin hartnäckig ausbreiten, dann ist noch etwas vorhanden, dann ist da noch ein Reservoir im emotionalen Bereich und etwas wurde nicht durchlebt und verarbeitet. Dieses Durchleben ist nur möglich, wenn ihr euch den Gefühlen wirklich stellt. Das ist die sicherste Methode, dass sie euren Emotionalkörper verlassen können oder dass euer Emotionalkörper diese alten Gefühle loslassen kann.

Ich habe eine Frage zu meinem Kind. Mein Mann und ich haben uns getrennt und ich habe deswegen meiner Tochter gegenüber Schuldgefühle, weil ich ihr den Vater weggenommen habe. Seitdem fühle ich, dass sie mich nicht wirklich an sich herankommen lässt. Was kann ich tun, damit sich die Situation zwischen uns verbessert?

Es ist nicht allein nur so, dass du Schuldgefühle hast, sondern sie gibt dir auch die Schuld. Sie empfindet es als nicht richtig, wie alles gelaufen ist. Die Trennung ihrer Eltern entspricht oder entsprach nicht ihrem Wunsch. Das ist ihr nicht bewusst, aber ihre unterbewussten Gedanken und Gefühle sagen ihr, dass zwischen ihren Eltern, den nächsten Menschen um sie herum, etwas nicht richtig gelaufen ist. Diese Einstellung hat sie nicht nur dir, sondern auch ihrem Vater gegenüber. Etwas ist für sie nicht richtig gelaufen. Etwas hat sie nicht verstanden. Sie wollte das nicht, was passiert ist. Hab Geduld mit ihr, denn sie konnte die Trennung noch nicht mental verarbeiten. Die Verarbeitung lief rein über ihre verwirrten Gefühle ab. Das blockierte ihren Energiefluss, den Fluss der Liebe. Da ist ein Widerhaken in ihr und sie denkt: Was kann noch geschehen? Was machen diese zwei Menschen noch?

Aber sie kann das mit der Zeit verarbeiten und du hilfst ihr, wenn du deine Schuldgefühle loslässt und dich somit nicht mehr schuldig fühlst. Dann kann die Situation auch für sie entspannter werden und sie kann leichter loslassen. Das wird ihr helfen. Versuche schrittweise, als einen Akt der Selbstliebe, dieses Schuldgefühl loszulassen. Wenn du frei davon wirst, hat das auch auf deine Kinder eine befreiende Wirkung.

Mir ist aufgefallen, dass ich auf die Wünsche anderer, die sie an mich stellen, immer sofort reagieren und sie erfüllen möchte, selbst wenn ich z.B. keine Zeit habe oder es gerade nicht stimmig für mich ist. Zeigt das nicht einen Mangel an Selbstliebe, wenn ich eher die Bedürfnisse anderer ernst nehme als meine eigenen?

Ja, man könnte sagen, dass das ein Zeichen dafür ist, dass du dich nicht genügend liebst, denn sonst würdest du mehr deine Situation, deine Bedürfnisse, deine Wünsche beachten, wenn ein anderer etwas von dir will. Dein Sein, dein Wesen ist sehr stark auf die anderen ausgerichtet. Du möchtest sie glücklich machen und meinst, dass du das erreichst, wenn du ihren Wünschen nachkommst. Das mag manchmal klappen und manchmal auch nicht. Sie werden auf alle Fälle zufrieden sein, wenn sie das bekommen, was sie wollen. Es wird keine Reibung zwischen euch geben. Wenn du ihre Wünsche nicht erfüllst, kann es eventuell Spannungen geben. Diese Situation kennt jeder von euch.

Ein Mensch, der sich selbst genügend liebt, kann klar erkennen, wann er den Wünschen anderer nachkommen und etwas geben kann oder geben will. Dann ist der Wunsch des einen, Energie zu verschenken, in Harmonie mit dem Bedürfnis des anderen. Beides ist somit in Resonanz miteinander. Es kommt aber auch vor, dass der Wunsch eines anderen auf eine Situation trifft, in der man nicht wirklich gut reagieren kann. Dann gibt es zwei Möglichkeiten. Die eine hast du bereits sehr oft gewählt, indem du deine Bedürfnisse zurückgestellt hast und für den anderen da warst, obwohl du oft gar nicht genügend Energie und Kraft zur Verfügung hattest. Das ist sehr anstrengend und hat dich jedesmal unendlich viel Energie gekostet. Das hast du dir aber nicht bewusst gemacht, weil dein Sein vollkommen darauf ausgerichtet war, anderen zu helfen. Du hast dich somit zu wenig berücksichtigt. Die zweite Möglichkeit ist, dem anderen freundlich, aber bestimmt mitzuteilen, dass du seinen Wunsch gerade nicht erfüllen kannst, weil du z.B. keine Zeit hast oder mit etwas anderem sehr beschäftigt bist. Die Klarheit in deiner Stimme wird dem anderen zeigen, dass du wirklich nicht kannst.

Du meinst, du liebst jemanden nicht genug, wenn du ihm etwas abschlägst. Du bist immer bereit, etwas für andere zu tun. Bist du genauso bereit, jederzeit etwas für dich zu tun? Du bist bereit, andere bedingungslos zu lieben, aber bist du auch bereit, dich genauso bedingungslos zu lieben? Überlege dir das.

Wenn du nur nach den Bedürfnissen, Wünschen und Ansprüchen anderer gehst, reibst du dich total auf und du gibst dich auch auf. Du entleerst dich dabei in gewisser Weise. Wo kommt dann die neue Energie für dich her, wenn nicht aus der Selbstliebe? Selbstloses Handeln, selbstlose Liebe muss eine Basis in der Selbstliebe haben, sonst schlägt das eigentlich Positive um und wird zum Negativen. Es ist nicht möglich, nur nach außen Energie abzugeben, sondern es ist auch nötig, neue Energie aufzunehmen und zu empfangen. In diesem Fall heißt das, die Liebe nur für sich selbst zu empfangen und sie in sich selbst fließen zu lassen.

Ich habe den Menschen viel gegeben. Ich habe Heilung durch Worte, durch Gefühle oder durch Taten bewirkt. Ich habe also Energie durch mich hindurch zu anderen fließen lassen. In meinen stillen Stunden habe ich aber Liebe für mich empfangen – vom Kosmos, von Gott. Ich habe sie durch mein Sein fließen lassen, habe mich erholt und regeneriert. Ich wusste, wie wichtig das für mich ist. Man darf nicht einseitig leben. Alles muss balanciert sein – das Aktive und das Passive, das Geben und das Nehmen.

Lerne also frei und ohne Schuldgefühl, freudig und leicht, dass du das Recht darauf hast, dir Zeit für die Befriedigung deiner ganz eigenen Bedürfnisse zu nehmen. Verstehe, dass das wichtig für dich ist. Du wirst dich besser und zufriedener fühlen. Du wirst mehr Kraft und Energie zur Verfügung haben und du kannst somit auch anderen freier begegnen. Wenn du das lernst, dann kannst du viel leichter einem anderen Menschen oder einem Freund deine Situation erklären, wenn du ihm einmal eine Bitte abschlagen musst.

Ich bedanke mich dafür, dass ihr mit mir Zeit und Energie verbracht und aufmerksam zugehört habt und dass wir miteinander Energien teilen konnten. Ich durchflute diesen Raum mit meiner Liebesenergie. Ich bin so übervoll mit Liebe, dass es für mich wie ein Segen ist, sie an andere weitergeben zu können. Ich kann zwar jederzeit meine Liebe im Kosmos verströmen, aber es ist ein noch größeres Glück, wenn ich diese Liebe direkt in euch einsenken kann und wir miteinander verschmelzen. Auch ihr seid zu dieser überfließenden Liebe fähig. Mit diesen Worten verabschiede ich mich.

Die Nächstenliebe

Ich freue mich, wieder bei euch zu sein und ich begrüße jeden einzelnen von euch. Der Reihe nach sende ich zu jedem einzelnen von euch meine Energie. Ich durchflute diesen Raum mit Licht und erschaffe ein Energiefeld, in dem ihr euch entspannen könnt, so weit wie es für jeden möglich ist.

Vergesst die Welt um euch herum, damit es möglich wird, einen Raum in euch zu erschaffen, der Liebe und Licht aufnehmen kann. Lasst den Alltag los. Lasst, wenn es möglich ist, all eure momentanen Probleme für einen kurzen Moment los. Probleme, Sorgen und Gedanken haften an euch, aber jetzt, jetzt in diesem Raum des Lichts, lasst sie fallen. Übergebt mir die Probleme, die Gedanken, die Sorgen, das Hadern. Erlaubt es euch, dass ihr frisch und wie neu werdet. Entspannt euch. Lasst euch fallen – fallen wie auf eine Wolke, die weich, durchlässig und sanft ist.

Wenn ihr wollt, dann könnt ihr euch wieder die Energiesonne vorstellen, die sich in der Mitte eures Kreises dreht. Bittet darum, dass sie einen Strahl aussendet, der euch Energie gibt und euch aufbaut, damit ihr den nächsten wichtigen Schritt tun könnt. Während unserer Sitzung kann diese Energiesonne in unserem Kreis bleiben. Sie verteilt ihre Kraft und jeder kann so viel aufnehmen, wie er will. Kraft und

Ruhe strömen durch diesen Raum und sind die Energieschwingungen, die am meisten vorhanden sind.

Heute möchte ich über eine weitere Form der Liebe sprechen – die Liebe zum Nächsten, die Liebe, die ihr mit anderen Menschen teilt. Gestern war unser Thema die Selbstliebe, heute ist es die Nächstenliebe. Diese Liebe und das Mitgefühl verbinden euch mit anderen Menschen, genauso wie die vielen weiteren Gefühle Verknüpfungspunkte mit ihnen sind. Gefühle verbinden euch mit den anderen, aber die Liebe hat noch einen viel höheren Stellenwert. Liebe zwischen zwei Menschen oder zu anderen im Allgemeinen ist ein Gefühl, das sehr nährend ist für denjenigen, der gibt und denjenigen, der nimmt. Durch die Liebe könnt ihr mit einem anderen Menschen verschmelzen und Begrenzungen des Egos können sich auflösen. Die Liebe für einen anderen Menschen, egal, ob das ein Kind ist, ein Lebenspartner oder sogar ein Fremder, kann euch Dinge tun lassen, die ihr sonst niemals tun würdet, weil der Kopf oder das Ego euch zurückhalten und sagen würde: "Wenn du das jetzt tust, was kriegst du dann, wird das belohnt, wird das beachtet, was hast du davon?"

Die Liebe für einen anderen Menschen kann die Grenzen des Egos auflösen und sie ermöglicht, selbstlos für ihn da zu sein. Die Liebe lässt das Zusammensein erst wirklich wertvoll erscheinen. Das Zusammenleben wird dadurch sinnvoll, es bekommt Geschmack, es wird würzig, es bekommt Tiefe. Durch die Liebe verändert sich die Erfahrung des Lebens.

Gestern habe ich bereits angesprochen, dass sehr viele Missverständnisse und falsche Vorstellungen über die Liebe bestehen. Viele Menschen sagen, dass sie geliebt werden möchten und denken dabei, dass dies erst geht, wenn sie den

Traumpartner, den für sie absolut richtigen Menschen, finden. Sie meinen, damit sie lieben können, brauchen sie einen geeigneten Menschen, der irgendwo auf dieser Erde existiert. Sie haben außerdem exakte Vorstellungen darüber, wie dieser Mensch sein müsste. Diese Art der Liebe würde ich Liebe unter bestimmten Bedingungen nennen.

Das Wesen der Liebe, das trifft auf die Selbst- und die Nächstenliebe zu, stellt aber nie Bedingungen, weder an sich selbst noch an einen anderen. Wenn ihr also feststellt, dass ihr bestimmte Bedingungen habt, was ein Mensch für euch tun und wie er sein müsste, damit ihr ihn lieben könntet, so ist diese so genannte Liebe doch etwas ganz Anderes. Ihr mögt diesen Menschen vielleicht, aber ihr liebt ihn nicht. Wenn ihr einen Menschen liebt, dann akzeptiert ihr ihn so, wie er ist. Das muss nicht unbedingt bedeuten, dass dieser Mensch der richtige Lebenspartner für euch wäre. Jemanden wirklich zu lieben, hat immer etwas damit zu tun, dass man den anderen akzeptiert, dass man seine Würde achtet, dass man ihn so lässt, wie er ist und ihn nicht verändern will, ja, dass gar kein Bedürfnis vorhanden ist, ihn ändern zu wollen. Das ist Achtung.

Liebe hat sehr viel mit Achtung und Toleranz zu tun. Warum sollte sich der andere ändern, damit ihr ihn lieben könnt? Den anderen zu akzeptieren, so wie er ist, fällt sehr schwer, wenn man sich selbst nicht so akzeptiert, wie man ist. Akzeptiert man sich mit allen Stärken und Schwächen, dann achtet man sich und kann diese Gefühle somit auch anderen entgegenbringen.

Es ist üblich, dass sich die Menschen gegenseitig formen wollen und die Energiekreise des anderen betreten, darin herumwirbeln und den anderen nach der eigenen Vorstellung umwandeln wollen. Das tut man, damit der andere zu einem passt und man zufrieden mit ihm ist. Es gibt Menschen, die das vorrangig tun und andere, die das vorrrangig mit sich tun lassen. Beide ziehen sich an. Die einen wollen geformt werden, die anderen wollen formen. Man modeliert am anderen herum. Man will ihn nach der eigenen Fasson zurechtstutzen. Keiner bleibt dann bei sich, keiner schaut in sich hinein, keiner achtet sich selbst.

Liebe achtet die Energiekreise der anderen. Ein Mensch, der mit der Liebe verbunden ist, bittet den anderen darum, ob er seinen Energiekreis betreten darf und er tut dies voller Achtung und Respekt. Jeder von euch ist ein vollkommenes Wesen, auch wenn momentan manche Bereiche nicht absolut ausgebildet und kraftvoll sind und nicht im vollen Potential schwingen. Trotzdem ist in jedem eine Vollkommenheit. Die Liebe kann diese Vollkommenheit sehen. Die Liebe füreinander achtet, schätzt und ehrt diese Vollkommenheit. Die Liebe kann aber auch etwas Unvollkommenes sehen und es achten. Die Liebe kann die kleinste Bemühung eines Menschen wahrnehmen. Sie nimmt sie an, sie schätzt und ehrt sie.

Zerstört nie die Energiekreise eines anderen Menschen. Lasst es auch nicht zu, dass ein anderer euren Energiekreis zerstören kann. Liebe für einen anderen Menschen hat nichts damit zu tun, dass ihr deswegen euren Energiekreis von ihm zerstören lasst. Das ist keine Liebe. Die Liebe eines anderen für euch würde niemals euren Energiekreis zerstören wollen.

Für die gegenseitige Liebe ist die Achtung des eigenen Wesens also enorm wichtig. Ist dies gewährleistet, dann ist es möglich, dass zwei Menschen miteinander verschmelzen können, auf welche Art auch immer das passiert – körperlich, emotional, geistig oder spirituell. Verschmelzung ist von mir nie nur körperlich gemeint, sondern sie kann auf allen Ebenen geschehen und manchmal sogar auf allen Ebenen gleichzeitig. Viele Menschen verknüpfen mit der Nächstenliebe, dass sie "dem einen Menschen" begegnen müssen. Damit ist eine Ausschließlichkeit verbunden und wenn diese nicht stattfindet, dann kann nicht geliebt werden oder es wird nicht geliebt. Es ist traurig und schade, wenn das so ist.

Über das Herz-Chakra könnt ihr euch durch die Liebe mit allem verbinden. Liebe als ein Seinszustand ohne Bedingungen und ohne Grund ist ein ekstatisches Gefühl. Alles fängt dann an zu strahlen und zu glänzen. Vorher habt ihr das nicht gesehen und wahrgenommen. Wenn die Ausschließlichkeit aufhört, kann sich Liebe ausbreiten und man begegnet viel leichter einem Menschen, mit dem man wirklich verschmelzen kann.

Es ist jetzt möglich, eine Frage zu stellen.

Woran liegt es genau, dass es mir so schwer fällt, die Liebe von einem anderen anzunehmen?

Du hast Angst. Du bist bereit, dich für den anderen zu öffnen. Der Gebende ist in einer relativ starken Position. Derjenige, der nimmt, ist in der Position, in der sehr intensiv etwas mit ihm geschieht. Natürlich geschieht auch etwas mit dem Gebenden, aber diese zwei Zustände sind wie Tag und Nacht, wic aktiv und passiv, wie stark und schwach. Es sind zwei Seiten einer Medaille. Mit demjenigen, der nimmt, passiert etwas. Natürlich gibt es Menschen, die nehmen und nehmen und nehmen und nichts passiert, aber mit dir würde etwas passieren.

Du hast es einst einmal zugelassen, dass du tief verletzt und enttäuscht wurdest. Was ist schlimm daran, wenn das, was in dir ist, jetzt hochkommt? Du kannst es nun vielleicht mehr annehmen und akzeptieren. Warum solltest du nicht geliebt werden können? Etwas in dir hatte sich bisher dagegen gesträubt und doch auch heiß danach gesehnt. Du fühltest dich wie abhängig davon, endlich von anderen geliebt zu werden und sagtest: "Ich mache mich frei davon, indem ich liebe."

Etwas will jetzt ausgeglichen werden. Eine Balance muss wieder hergestellt werden. Du musst dir das selbst geben und dann kann es vielleicht von einem anderen zu dir kommen. Aber zunächst musst du es dir selbst geben, sonst kannst du es nicht von einem anderen bekommen. Sonst wird es weiterhin attraktiv für dich sein, etwas nicht zu bekommen. Ihr alle kennt es, immer wieder die gleichen Erfahrungen zu machen, die letztendlich in einem Schmerz, in einem leidvollen Erlebnis enden. Dies passiert laufend. Es schaut so aus, als ob ihr es nicht stoppen könnt. Es ist wie ein Rad, das sich dreht und dreht und dreht. Ihr müsst einfach in die Mitte dieses Rades kommen, dorthin, wo das Drehen aufhört.

Du willst mit deinem Kopf verstehen, warum alles so ist, wie es ist. Auf diese Art kannst du es nicht lösen. Das Umschalten muss im Herzen stattfinden, das Ja für dich muss im Herzen stattfinden. Nicht das: "Ja, jetzt will ich aber", das vom Kopf kommt, sondern das sanfte Ja des Herzens, das sagt: "Ich sehne mich danach, ich gebe es mir."

Zuerst musst du dir die Liebe geben, dann kannst du sie durch einen anderen empfangen.

Ich bin in einer Situation, in der die Ärzte sagen, dass ich eine schwere Krankheit habe. Ich bitte dich, mir zu sagen, wie ich damit umgehen soll.

Eine schwere Krankheit, aber eigentlich jede Krankheit, fordert einen Menschen auf, sich nach innen auf sich selbst auszurichten. Eine schwere Krankheit verlangt im extremen Maße, dass man mit den Augen der Liebe nach innen blickt und versucht zu verstehen, wodurch dieser Mangel oder diese Missschwingung entstanden ist. Was du für dich selbst tun kannst, ist zunächst die medizinische Seite zu gewährleisten, die die Krankheit gewissermaßen von außen bearbeitet. Aber da ist auch die andere Seite, das, was du innerlich tun kannst und das ist vielleicht viel wichtiger.

Deine Krankheit ist eine Aufforderung, dich dir selbst zuzuwenden und deine gesamte Aufmerksamkeit darauf zu richten, was du für dich tun kannst und was du brauchst, damit du dich wohl fühlst. Das sind oft ganz kleine Dinge. Das ist häufig ganz wenig und doch so entscheidend. Das ist ein wichtiges Thema für dich. Du brauchst dich nicht in deinen Pflichten zu verlieren. Du solltest dich davon lösen und deine Energie ausschließlich für dich einsetzen. Du solltest anderen gegenüber ausdrücken, dass du Hilfe und Unterstützung brauchst und dass jetzt du einmal dran bist. Dein ganzes Leben lang hast du für andere etwas getan, du warst immer nach außen gerichtet. Du warst ein Mensch, der jederzeit bereit war, etwas für andere zu tun. Jetzt solltest du deine Energie für dich einsetzen und gleichzeitig anderen signalisieren: Ich brauche eure Unterstützung. Jetzt brauche ich Hilfe. Jetzt kannst du mir etwas geben.

Du hast das Recht dazu, denn du hast viel für andere getan. Du bist in einer Position, in der du Liebe von anderen oder von uns annehmen musst. Da ist so viel, was du empfangen kannst und was dich nähren kann. Jetzt bist du einmal dran! Jetzt ist deine Zeit! Die Voraussetzung, dass du das umsetzen kannst, ist die Selbstliebe und die liebevolle Hinwendung zu dir selbst.

Gibt es eine Übung, um vom Verstand zurück in das Herz zu kommen? Ist es nicht wichtig, dass wir Menschen uns intensiver in unserem Herzen verankern, damit wir mehr in Verbindung mit unserem Höheren Selbst sind und von ihm angeleitet werden können?

Es ist richtig und wichtig für die meisten Menschen, wieder zurück zum Gefühl und vor allem ins Herz zu kommen, weg vom rein Rationalen und vom berechnenden Verstand, weg von der Kalkulation und dem Aufrechnen, dessen was war: "Wenn ich das mache oder gebe, habe ich das zu bekommen."

Diese Art durch die Welt zu gehen, ist kühl und berechnend. Diese Kühle durchzieht viele Menschen. Natürlich ist es auch eine Art Schutz, sich in der Höhle des Verstandes zu verstecken, sich darin sicher zu fühlen und zu sagen: "Keiner kann mir hier etwas, keiner kann mich erreichen oder verletzen. Ich erreiche zwar auch niemanden, aber das ist besser, als verletzt zu werden."

Im Gegensatz zu dieser Einstellung steht das Herz, das für alles und jeden Mitgefühl empfindet und von vielem bewegt ist. Die Welt des Herzens ist warm und sehr weich. Sie will den anderen verstehen und etwas für ihn tun, ja sie empfindet das als das Natürlichste überhaupt. Es ist teilweise wieder eine Entscheidung aus dem Verstand heraus, wenn man sagt: "Ich möchte mehr fühlen." Die Frage ist dann: Warum? Warum möchte man wieder fühlen? Warum möchte man ins Herz? Der Verstand ist immer kalkulativ und aus einem abgehobenen Blickwinkel heraus kann er eine kluge Meinung vertreten und sagen: "Das ist wichtig für die spirituelle Entwicklung und es steht jetzt an."

Der pure Verstand hat nichts mit dem Herzen zu tun! Man muss im Grunde gar nichts dafür tun, damit man wieder mehr ins Herz kommen kann. Natürlich gibt es Hilfsmittel oder Übungen. Entscheidend ist aber, dass du dein pochendes, sehnendes Herz wirklich wahrnimmst und fühlst. Dann braucht man dieses Pochen und Sehnen nur zuzulassen und das Herz-Chakra kann sich ausdehnen. Für das Herz gibt es keine Übung, damit es sich mehr ausdehnt und damit ihr es mehr spüren könnt. Das Herz ist immer einfach.

Natürlich gibt es Hilfsmittel, aber diese sind eher etwas für den Verstand. Wenn ihr die Schranke löst, die sich um das Herz herum ausgebreitet hat, macht es alles von selbst. Es dehnt sich dann wie automatisch aus. Allein über den Verstand kannst du nie die Antworten aus deinem Höheren Selbst, aus deinem Spiritualkörper oder deiner Seele erfahren. Das Herz nimmt die Antworten intuitiv auf und führt sie dann in Worten dem Verstand zu. Der Verstand direkt kann nie Antworten aus dem Höheren Selbst heraus empfangen. Der Verstand ist zu begrenzt, zu eng, zu klein. Das Höhere Selbst, eure Seele oder euer Spiritualkörper ist viel größer, viel weiter, viel offener, viel kosmischer als der Verstand.

Ich habe eine Frage zu dem, was in deinem Buch steht und mir wie ein Widerspruch erscheint. An einer Stelle sprichst du über den Satz: Herr, dein Wille geschehe, und meinst die Hingabe an ein größeres Geschehen. Andererseits sagst du aber auch, dass wir der Meister unseres Lebens sind. Ist es*

---

* Das Buch "Jesus – Für meine Freunde", von Regine Zopf ist im Archantaya Verlag unter der ISBN 3-937534-42-3 erschienen.

tatsächlich so? Es erscheint mir etwas konträr. Kannst du dazu etwas sagen?

Ja, natürlich. Dieser Satz: "Vater, dein Wille geschehe!", drückt Hingabe aus und kann erst eintreten, wenn du in einer ganz bestimmten Sache alles getan hast, was in deiner Macht stand. Du musst alles nur erdenklich Mögliche für deine Entwicklung tun, um auf deinem Weg weiterzukommen. Du bist, und das trifft auf alle Menschen zu, derjenige, der bestimmt, wohin du gehst, was du tust, wie schnell oder langsam du dich entwickelst. Du bist der Meister über dein Leben und über deine Erfahrungen. Du musst deine gesamte Energie in dein Leben hineinlegen. Aber es gibt auch Situationen und Gegebenheiten, die du nicht in deiner Hand hast. Immer wieder gibt es Stationen in der inneren Entwicklung, in denen es scheint, dass du alles getan hast und doch nicht weiterkommst, in denen sich allein aus deiner Kraft heraus keine Lösung findet und sich kein neuer Morgen auftut und kein Sonnenstrahl in dein Herz hineinfällt. Dann kommt dieser Satz: Herr, dein Wille geschehe, zum Tragen und Hingabe an das, was ist, kann eintreten. Du musst alles abgeben, du kannst nichts mehr tun.

Irgendwann kann es einmal vorkommen, dass du alles getan hast. Nichts bleibt mehr übrig, da gibt es nichts mehr zu tun. Dann kannst du dich nur noch der Existenz oder Gott übergeben, der entscheidet, was mit dir geschieht. Dies ist die höchste Stufe des Vertrauens. Eine höhere Stufe des Vertrauens gibt es nicht. Herr, dein Wille geschehe! Das war mein Satz, der mich mit dem gesamten Universum verband. Ich wollte nicht am Kreuz hängen. Ich haderte. Ich wusste nicht, wofür das gut sein sollte. Ich hatte eine andere Idee für mich – nicht das Kreuz und doch ist es eingetreten, obwohl ich alles für die Existenz getan hatte. Trotzdem widerfuhr mir das. Ich wusste in dem Moment nicht, warum und wofür das gut sein sollte. Die höchste Stufe des Vertrauens, die höchste Stufe der Hingabe war die Erlösung. Verstehst du jetzt?

Alles erdenklich Mögliche muss von euch getan werden, bis zu dem Punkt, an dem ihr euch der Existenz, man könnte sagen, ausliefern müsst und euer Wille nicht mehr maßgeblich ist. Das, was du ansprichst, ist also nicht widersprüchlich, obwohl es so scheint. Es gehört zusammen. Bevor ihr zur höchsten Stufe der Hingabe und des Vertrauens kommt, gibt es viele kleine Möglichkeiten und Situationen, in denen ihr immer wieder neu Vertrauen in die Existenz haben oder beweisen müsst – ihr entscheidet über Vertrauen oder eben auch Misstrauen.

Beides ist Teil des Lebens: Alles in eurer Macht stehende zu tun und es dann doch alles der Existenz zu übergeben und zu erfahren, was sie als richtig erachtet.

Sind meine Erwartungshaltungen zu hoch, vor allem die an mich selbst und natürlich auch die an die anderen? Hat das mit einem zu großen Ego oder mit einer zu großen Ausgerichtetheit auf den Verstand zu tun? Wenn ja, wo bleibt dabei das Gefühl? Und wie kann ich bedingungslos lieben?

Die Erwartungshaltungen kommen natürlich aus dem Ego heraus. Das Ego ist nie zufrieden damit, wie man ist. Es ist auch nie zufrieden mit den anderen und mit dem, was und wie viel sie einem geben. Gedanken der Erwartung und der Forderung, was andere dir geben müssten oder wie die Welt sein sollte, entstammen einer bestimmten Vorstellung, wie alles funktionieren und laufen müsste. Das hat meistens gar nichts mit dem realen Leben, mit dem tatsächlichen Zustand zu tun. Was du fragst, kennt jeder.

Es kommt häufig vor, dass sich ein Mensch so weit von sich selbst entfernt hat, dass er Dinge von sich erwartet, die er nicht erfüllen kann, weil er noch gar nicht so weit ist. Die Erwartungen haben nichts mit seinem wirklichen Zustand zu tun. Sie können nicht aus dem Erspüren und der Wahrnehmung des eigenen Selbst heraus kommen, sondern aus dem Verstand. Der Verstand kann sich vom Rest des Menschen, wenn man es so ausdrücken will, weit entfernen. Der Verstand macht sich somit ein Bild über den restlichen Menschen, das sehr verzerrt und völlig losgelöst von ihm sein kann. Dieser Mensch erlebt große Unzufriedenheit. Er ist nicht am Puls des Geschehens seines eigenen Seins, denn dann könnte er wissen, fühlen und spüren, wozu er als nächstes fähig und was seine eigentliche Sehnsucht ist. Ein Mensch, der sich umfassend fühlt und wahrnimmt, bekommt auf natürliche Art und Weise Ideen, die ihm zeigen, was für ihn die nächsten realistischen Schritte sind und wie er sie umsetzen kann.

Die Lösung für das, was du ausdrückst, ist, intensiver mit dem eigenen Sein, tiefer mit den eigenen Gefühlen, Bedürfnissen und Wünschen in Kontakt zu kommen. In den Menschen bestehen viele Wünsche über alle möglichen Bereiche des Lebens. Der eine möchte ein erfolgreicher Manager sein. Er rackert sich Tag und Nacht dafür ab und wird es doch nicht, weil er von seiner Persönlichkeitsstruktur her nicht genügend Härte und Kraft hat, sich durchzusetzen. Dieser Mensch wird immer Unzufriedenheit über sich selbst und die Welt erfahren, weil sie ihm in seinen Augen nicht das gibt, was er will. Er wäre vielleicht eher ein guter Sozialarbeiter, nur um einmal ein Beispiel zu nennen, aber kein Manager.

In seinem Verstand hat es sich jedoch eingenistet, dass er die Anerkennung, das Geld und das Ansehen eines Managers erreichen möchte. Er lebt damit seinem eigentlichen Sein zuwider. Zu hohe und zu falsche Erwartungen an sich selbst und an die Welt frustrieren ihn. Dasselbe kann auf Beziehungen zu anderen oder in Bezug auf die Liebe zutreffen.

Bedingungslose Liebe ist ein sehr hohes Ziel und Ideal. Versuche zunächst herauszufinden, was es für dich bedeutet zu lieben. Lass das erst einmal zu. Lass weiche Gefühle mehr und mehr in dir zu. Nähere dich schrittweise an. Hab nicht das hohe Endziel vor Augen. Das kommt aus dem Kopf, aus dem Verstand. Mach es dir einfacher und fordere nicht zu viel oder nicht gleich die Endlösung.

Warum war kein normales Gespräch mit meinem Freund möglich, in dem wir unsere Beziehung ehrlich beenden gekonnt hätten?

Das Abschließen einer Beziehung ist immer ein Prozess, für den man Zeit braucht. Du fragst, warum es nicht möglich war, eure Beziehung gemeinsam durch ein Gespräch abzuschließen, um in Frieden auseinanderzugehen. Es ist oft Angst einjagend, bestimmte Dinge auszusprechen, vor allem, wenn es für einen Menschen nicht üblich oder natürlich ist, etwas ganz klar auszudrücken oder sich selbst etwas einzugestehen, was für das eigene Ego nicht erhebend ist. Er war nicht fähig und auch nicht willig, das so direkt zu tun. Du brauchst jetzt Zeit zur Verarbeitung. Es braucht immer Zeit, etwas gehen zu lassen.

Was wollten mein Mann und ich in unserer Partnerschaft lernen?

Die Frage ist etwas schwierig, denn es ist nicht immer das Lernenwollen, das zwei Menschen zusammenführt. Deswegen antworte ich einfach so, wie es richtig erscheint. Dein Mann suchte bei dir einen sicheren Hafen und das war eine Zeit lang auch dein Wunsch. Für ihn gilt das noch. Für dich hat sich etwas verändert und das ist das Problem. Du willst Weiterentwicklung. Er will den sicheren Hafen, in dem Weiterentwicklung nicht unbedingt stattfinden muss. Verstehst du, es geht nicht immer um Lernenwollen. Du hast für ihn einst Unterstützung und Sicherheit signalisiert, was ihm wie ein Feld gegen die Welt erschien. Für dich war das in Ordnung, aber ein Teil von dir ist zu experimentierfreudig, um immer im sicheren Hafen verweilen zu wollen. Du möchtest mehr. Eine Zeit lang war das für dich in Ordnung und eure Interessen haben übereingestimmt. Das Leben ist jedoch nicht stagnierend. Es ist fließend und du hast dich an den Fluss angeglichen.

Kannst du mir noch einen Rat mit auf den Weg geben. Was ist wichtig für mich?

Die Antwort auf deine Frage findet sich in einem Kapitel meines Buches wieder. Es ist nur ein kurzes Kapitel, aber man kann sagen, dass es das Wichtigste ist. Es ist ein Rat für euch alle, nur kann man ihn leicht übergehen oder übersehen. Das Kapitel, das ich meine, heißt: In die Stille gehen.

Mein Rat für euch alle ist, bemüht euch darum, ruhig zu werden und nach innen zu sehen. Stellt euch eurem Inneren, dann nehmt ihr in der Stille den Pulsschlag der Existenz wahr. Das könnt ihr jedoch nur, wenn ihr ein Bedürfnis danach bekommt, in der Stille in Kontakt mit euch zu treten oder anders ausgedrückt, wenn ihr euch freiwillig besinnt und dabei ruhig und still werdet. Diese so einfache Methode läutet Veränderung ein und lässt diese auch zu. Solange ihr es vermeidet, in die Stille zu gehen, ist das ein Zeichen dafür, dass ihr euch selbst aus dem Weg geht. Ihr sucht dann zu sehr im außen bei anderen und verlangt Antworten von ihnen. In den eigenen Tempel der Göttlichkeit zurückzukehren, ist bereits eine Art der Erfüllung.

Ein Rat nicht nur für dich, sondern für alle ist, Stille aufzusuchen, ruhig zu werden, nach innen zu gehen und in Kontakt mit sich selbst zu treten, um Zwiesprache mit sich selbst und darüber hinaus mit dem Göttlichen oder Gott zu halten.

Ich bedanke mich bei euch für eure Aufmerksamkeit an diesem Morgen des Lichts. Ich verabschiede mich.

Ruhend in der eigenen Mitte

Noch einmal treffen wir jetzt hier zusammen und teilen Energie miteinander. Ich sende mein Licht und meine Liebe zu euch in diesen Raum und direkt zum Energiefeld jedes einzelnen von euch. Jeder Einzelne kann von meiner Liebe und meinem Licht so viel nehmen und empfangen, wie es für ihn möglich ist.

Stellt euch wieder
die Energiesonne in unserer Mitte vor.
Stellt euch vor, wie sie kreist,
strahlt und pulsiert.
Sie ist hier in unserer Mitte.
Sie stellt sich zur Verfügung und
sendet ihre Strahlen zu jedem,
der etwas braucht und etwas aufnehmen will.
Schaut in euch hinein und nehmt wahr,
an welcher Stelle ihr Energie auftanken wollt
oder wo ein Manko oder
eine Unausgeglichenheit besteht.
Das kann ein Gedanke der Negativität,
ein Gefühl des Unglücks, der Trauer,
der Unzufriedenheit oder der Wut,

ein Schmerz oder aber eine Krankheit sein.
Welche Unausgeglichenheit auch
in euch vorhanden ist,
stellt euch jetzt vor, wie dieser Gedanke,
dieses Gefühl oder dieses körperliche Unwohlsein
aus euch hinausfließt,
hin zu der Sonne in eurer Mitte.
Sie nimmt das alles auf und
es verbrennt sofort in ihr.
Die Energie der Sonne ist viel höher als
der Gedanke, das Gefühl oder das Unwohlsein.
All das wird sofort aufgelöst,
wenn ihr bereit seid,
es aus euch hinauszusenden.
Macht das jetzt, wenn ihr wollt.

Als nächstes bittet darum,
dass die Sonne einen Strahl zu euch aussendet,
der voller Kraft, voller Liebe, voller Licht ist.
Er trifft genau die Stelle,
an der ihr diese Kraft, dieses Licht
und diese Liebe braucht.
Ihr könnt euch vorstellen,
wie ihr insgesamt mit Energie aufgeladen werdet.
Diese reinigende Energie erfüllt euch
und es beginnt in euch,
ähnlich wie in der Sonne, zu vibrieren.

Zunächst vibriert es nur in eurem Körper.
Die Energie in euch wird stärker und stärker
und ihr fühlt euch
kraftvoll, lichtvoll, liebevoll.

Die Energie in eurem Körper wird stetig
stärker und füllt auch euren Energiekreis auf.
Die Energie tritt über euren Körper hinaus aus
und erfüllt euren Energiekreis.
Der Kreis der Energie, den ihr aussendet,
dehnt sich aus, wird stark und
kann die Größe erreichen,
die für euch natürlich ist.
Vielleicht war sie vorher zusammengekrümmt,
aber jetzt dehnt sie sich aus.
Sie weitet sich und
kann ihre natürliche Größe erreichen.
Es ist, als ob ihr euch aufrichtet,
als ob sich euer Rückgrat streckt
oder als ob sich euer Kopf erhebt.

Ihr habt jetzt das Energiepotential zur Verfügung,
das euch stark, stolz und mutig
durchs Leben gehen und
euch all die kleinen Schritte tun lässt,
die wichtig für eure Entwicklung sind.
Atmet die Energie in euren Energiekreis ein.

Nehmt euren Energiekreis
jetzt einmal bewusst wahr.
Es ist euer ganz eigenes Energiefeld,
euer Energiepotential,
das vielleicht teilweise noch schläft,
aber manche Teile sind schon
vorhanden und ausgebildet.
In diesem Energiekreis ist alles,
was ihr braucht.

Das ist eure Heimat,
euer Heim, euer Zuhause,
so lange ihr hier auf der Erde als Mensch
in einem Körper inkarniert seid.
Dieses Energiefeld müsst ihr
zunächst einmal kennen lernen,
beachten und achten.
Es ist wichtig,
dass ihr euch bewusst darüber werdet,
was in diesem Energiefeld alles vorhanden ist
und was in ihm nach außen strebt
und darauf pocht, losgelassen zu werden.
Richtet eure Aufmerksamkeit auch darauf,
nach was sich das Energiefeld sehnt.
Welche Sehnsüchte bestehen,
dass etwas zu dem Energiefeld hinzukommt.
Am Anfang steht das Kennenlernen,
das Wahrnehmen, die Achtung.

Es ist ein Geschenk, die Möglichkeit zu haben,
Erfahrungen auf der Erde zu machen und
dafür solch einen wunderbaren Raum
zur Verfügung zu haben.
Für dieses Energiefeld seid ihr verantwortlich.
Ihr seid verantwortlich,
ob es sauber und gepflegt ist,
ob es gereinigt werden muss,
ob es manchmal geschützt werden muss
oder ob es eine bestimmte Nahrung braucht.
Der Körper will geliebt und gepflegt werden.
Die Gefühle wollen beachtet werden
und ihren Raum bekommen.

Sie wollen zugelassen werden,
damit sie sich ausdrücken können.
Die Gedanken wollen
entstehen dürfen und geklärt werden.
Die Spiritualität will sich entwickeln und
ihre Botschaft in eurem Energiefeld ausbreiten.

Für dieses Energiefeld seid ihr verantwortlich.
Ihr sorgt dafür.
Je mehr ihr euch über
dieses Energiefeld bewusst werdet,
um so leichter und natürlicher
wird es für euch sein,
voller Achtung Sorge dafür
zu tragen und zu erkennen,
was ihr braucht, wohin ihr strebt,
welche Sehnsucht ihr tief in euch habt.

Je bewusster ihr dieses Energiefeld wahrnehmt,
um so weniger wird es möglich,
dass ein anderer in euch
eindringen und euch stören kann,
wenn ihr es nicht wollt.
Je bewusster ihr über euch seid,
um so weniger kann über euch Zwang ausgeübt
oder euch etwas angetan werden.

Ihr seid dann der König oder die Königin
in eurem Energiereich.
Wann immer ihr wollt,
könnt ihr ein anderes Energiefeld
in euer eigenes einladen.

Das Natürlichste wird dann sein,
dass ihr euch miteinander verbindet,
Energie austauscht und
euch danach aber wieder trennt.
Auf diese Art könnt ihr stolz und kraftvoll
nebeneinander existieren,
ohne euch zu stören.
Erst dann könnt ihr euch wirklich
gegenseitig unterstützen und helfen.

Ruhend in der eigenen Mitte könnt ihr
auf diese Art durchs Leben gehen
und klar erkennen, was zu tun ist,
wann ihr aktiv werden müsst,
wann es Zeit für Erholung und Entspannung ist,
wann es richtig ist,
sich mit Menschen zu verbinden,
welche Menschen gut,
unterstützend und hilfreich sind
und welche einen irritierenden Einfluss
auf euer Sein haben.
Ihr erkennt dann,
was für euch richtig ist und
was ihr besser lassen solltet.

Ruhend in der eigenen Mitte
würde ich euch gern
in die Welt hinaus entlassen.
Von dieser Mitte aus könnt ihr alles meistern,
was für euch wichtig ist.
Ruhend in der eigenen Mitte können sich
in euch in der Stille Antworten

auf eure Fragen bilden und formen.

Dadurch verliert ihr das Interesse daran,
mit Hektik durch die Welt zu gehen
und mit einer inneren Anspannung
durch euer Leben zu eilen.
Genießt noch einmal euer Energiefeld.
Nehmt es ganz bewusst wahr.
In diesem Energiefeld ist so viel.
In jedem Menschen ist
ein großes Potential vorhanden.
So viel Schönheit,
so viele Ausdrucksmöglichkeiten
warten darauf, sich auszubilden.
Jeder ist ein König oder eine Königin.
Es kann keine Untertanen geben.
Keiner kann den anderen als niedriger betrachten
oder aber auch als höher oder weiter ansehen.
Jeder ist gleich.

Ich liebe euch.
Ich liebe euer Energiefeld.
Ich liebe das, was bereits ausgebildet ist
und ich liebe das, was noch als Same
in euch versteckt liegt.
Solch eine große Liebe ist vorhanden,
so viel Glück fließt um euch herum.
Richtet euer Augenmerk darauf
und lasst euch nicht zu sehr von der Hektik
oder der Bedrohung von außen ablenken.
Richtet euren Fokus nach innen.

Es war mir eine Freude,
mitten unter euch zu sein und
eure Liebe zu spüren, eure Freude zu spüren,
eure Angst zu spüren, eure Trauer zu spüren,
euer Glück und euer Unglück zu sehen.
Es war mir eine Freude,
meine Energie mit euch zu teilen.
Wie schon gesagt,
für mich seid ihr vollkommen,
obwohl ihr es in manchen Bereichen
noch gar nicht seid,
aber ich sehe in euch das bereits Vollkommene.

Geliebte Freunde,
ich bedanke mich,
dass ihr gekommen seid und Energie mit mir
und auch untereinander geteilt habt.
Erkennt das Wertvolle jedes Einzelnen.
Erkennt das Wertvolle in euch.
Es ist möglich,
voller Achtung durch das Leben zu gehen.
Das ist ein großes Glück.

Ich bedanke mich und
durchflute euch noch einmal
mit meiner Liebe und meinem Licht.

Ich bedanke mich bei Jesus
und den Engeln der Heilung
für ihre wunderbaren Durchgaben
und ich danke auch allen Teilnehmern dafür,
dass sie diese Seminare möglich gemacht haben.

Regine Zopf

Regine Zopf gibt Einzelsitzungen und Channelings, veranstaltet regelmäßig Seminare (unter anderem „Von Engeln geführte“-Seminare, in denen Jesus und die Engel der Heilung zu den Teilnehmern sprechen) und Ausbildungskurse und malt von Engeln medial übermittelte Ur-Energiebilder für Menschen. Wer aktuelle Informationen über ihre Arbeit möchte, kann Unterlagen anfordern bei:

Archantaya Verlag
Räderloher Weg 5
D-29348 Scharnhorst

Ausführliche Informationen zu allen Büchern von Regine Zopf finden Sie im Internet unter:

www.archantaya.de

Das aktuelle Seminar-, Einzelsitzungs- und Veranstaltungsangebot von Regine Zopf finden Sie im Internet unter:

www.reginezopf.de

Weitere Bücher von Regine Zopf:

Regine Zopf
Heilung
Das Ende des Leidens
Wie eine umfassende Heilung für
Erde und Mensch geschehen kann
Archantaya
Verlag

Die Serie "Das Unsichtbare wird sichtbar" von Regine Zopf im Archantaya Verlag:

Das Unsichtbare wird sichtbar, Die Chakren ...
190 S., 7 Farbabb.
ISBN 3-937534-00-8

Das Unsichtbare wird sichtbar, Die Energiekörper ...
185 Seiten
ISBN 3-937534-01-6

Weitere Bücher von Regine Zopf im Archantaya Verlag:

Seelenpartner – Begegnung im Licht
152 Seiten
ISBN 3-937534-18-0

Engel – Unsichtbare Helfer, Wie Engel den Menschen unterstützen,
155 Seiten
ISBN 3-937534-15-6

Kristalle – Das Herz der Erde
155 Seiten
ISBN 3-937534-30-x

Weitere Bücher von Regine Zopf im Archantaya Verlag:

Reiki
Ein Weg sich selbst zu vervollkommnen
117 Seiten
ISBN 3-937534-09-1

Botschaft der Liebe und des Friedens
Engel sprechen über die aktuelle Krisensituation und den Frieden auf Erden
120 Seiten
ISBN 3-937534-22-9

Die Vollendung
Eine Erzählung über die Engel auf Erden
213 Seiten
ISBN 3-937534-06-7

Die Strahlen der Erneuerung
Eine Umwandlungsphase für Erde und Mensch
182 Seiten
ISBN 3-937534-08-3

Liebe – Der Schlüssel für das Neue Zeitalter
Erklärungen von Sameen Al Hoskia Ra und den Weltenhütern
120 Seiten
ISBN 3-937534-13-x

Weitere Bücher aus dem Archantaya Verlag:

Ralph Peters
Das Pyramiden-Handbuch
Wirkung, Nutzen und Anwendung
von Pyramiden für den Menschen
in der heutigen Zeit
80 Illustr., 151 S.
ISBN 3-937534-61-x

Ralph Peters
Gesundheit
Das eigene Heilungspotential entdecken
und aktivieren
112 Seiten
ISBN 3-937534-19-9